CRISPYROBs
MEINE TOP
50
REZEPTE

CrispyRob ist YouTuber und veröffentlicht seit 2015 auf seinem gleichnamigen YouTube-Kanal wöchentlich lustige Challenges, verrückte Pranks oder leckere Kochvideos. Rob hat seine Leidenschaft zum Kochen schon früh entdeckt und über die Jahre seine Rezepte für Sandwichmaker und Co. perfektioniert. Kein Wunder, dass seine Kochserie »Meine Top 5 ...« zu den beliebtesten Formaten auf YouTube gehört und ihn zu seinem ersten eigenen Kochbuch inspiriert hat.

Weitere Informationen zum Kinder- und Jugendbuchprogramm der
S. Fischer Verlage finden sich auf www.fischerverlage.de

CRISPYROBs
MEINE TOP 50 REZEPTE

Schnelle und einfache Gerichte für Sandwichmaker, Mikrowelle, Waffeleisen, Herd und Backofen

FISCHER Taschenbuch

Originalausgabe
Erschienen bei FISCHER Kinder- und Jugendtaschenbuch
Frankfurt am Main, Dezember 2018

© 2018 S. Fischer Verlag GmbH, Hedderichstr. 114, D-60596 Frankfurt am Main

Rezepte: CrispyRob
Foodstylistin: Cäthe Klein
Rezeptfotos: © Stephan Ortmanns
Lektorat: Waltraud Grill
Layout und Satz: Christiane Hahn, Frankfurt am Main
Coverfoto: © Stephan Ortmanns
Bildnachweis: siehe Seite 160
Druck und Bindung: Print Consult GmbH, München
Printed in Slovakia
ISBN 978-3-7335-0487-8

Für meine Eltern, die mir ein sicheres
und glückliches Leben geschenkt haben.
Für mein Team, das für mich wie eine
Familie geworden ist.
Für meine Community, die mich dazu motiviert,
Tag für Tag mein Bestes zu geben.

INHALTSVERZEICHNIS

Vorwort 9

▶ CRISPYROB'S KÜCHEN-TIPPS 12

REZEPTE FÜR DIE MIKROWELLE

Mac'n'Cheese-Tasse 18
Omelett-Tasse 20
Tomaten mit Mozzarella-Füllung 22

▶ CRISPYROB'S KLEINE KRÄUTERWEISHEITEN 24

Pasta mit Zucchinisoße 26
Chicken-Spieß 28

▶ WAS MUSS ICH BEI DER ZUBEREITUNG VON HÜHNCHENFLEISCH BEACHTEN? 30

Schokoladenkuchen 32
Bananenbrot-Tasse 34
Cheesecake 36
Gebrannte Mandeln 38
Weißer Schokokuchen 40

REZEPTE FÜR DEN SANDWICHMAKER

BBQ-Bacon-Sandwich 44

▶ BBQ MAL ANDERS! 46

Tomate-Mozzarella-Sandwich 48
Hotdog-Sandwich 50
Vier-Käse-Cheesy-Rob-Sandwich 52

▶ CRISPYROB'S KLEINE KÄSEKUNDE 54

Hawaii-Sandwich 56
Hähnchen-Avocado-Sandwich 58
Apfeltaschen 60
Dreieckige Muffins 62
Nutella-Marshmallow-French-Toast 64
KiBa-Sandwich 66

REZEPTE FÜR DAS WAFFELEISEN

Pizza-Waffel 70
Zucchini-Parmesan-Waffeln mit Tomaten-Basilikum-Marmelade 74
Kartoffel-Käse-Waffeln mit Avocado-Basilikum-Dip 78

▶ WIE SCHÄLE UND ENTKERNE ICH EINE AVOCADO RICHTIG? 80

Mac'n'Cheese-Tortillas 82
Reibekuchen-Waffeln
mit Apfel und Karotte 84
Apfelstrudel-Waffeln 86
Schokowaffeln 88

▶ WIE TRENNE ICH EIER UND WIE SCHLAGE
ICH EIWEIß RICHTIG? 90

Erdnussbutter-Waffelsnack 92
Churro-Snack 94
Erdbeer-Waffeln 96

REZEPTE FÜR DEN BACKOFEN

Hotdog-Fondue 100
Carbonara-Bällchen 102
Instantnudeln-Lasagne 106
Süßkartoffel-Frühstücksboot 108
Baked Cheeseburger 110

▶ WIE SCHNEIDE ICH EINE ZWIEBEL? 112

Fladenbrot-Gyrospizza 114
Erdbeer-Törtchen 116
Schokocroissants 118
Blitz-Zitronenkuchen 120
Quarkauflauf 122

REZEPTE FÜR DEN HERD

Veggie-Frikadellen 126
French-Cheese-Rolls 128
Kartoffel-Hack-Pfanne 130
Zucchini-Nudeln in Gemüsecurry 132

▶ ASIATISCHE KÜCHE 134

Express-Pfanne mit Steak und Brokkoli 136
Cheesy-Chicken 138
Zimtschnecken-Pancakes (auch vegan) 140

▶ SPRITZBEUTEL – EINFACH SELBST GEMACHT 142

Eiswürfel-Brownies 144
Pannacotta 146
Dulce de leche 148

▶ CRISPYROB'S KLEINES KÜCHENLEXIKON 150

Platz für eigene Rezepte 154
Danksagung 158
Bildnachweis 160

VORWORT

»Scheiß auf Action, ich sollte lieber Koch werden.« Welche weitreichenden Folgen dieses Zitat aus meinem allerersten YouTube-Video aus dem Jahr 2015 noch haben würde, hätte ich mir damals nicht im Traum ausmalen können. Und jetzt sitze ich hier und schreibe das Vorwort zu meinem eigenen Kochbuch.

Hätte mir während des Studiums jemand erzählt, dass ich mal ein Kochbuch herausbringen würde, hätte ich vermutlich laut losgelacht. Laut loslachen tue ich nichtsdestotrotz regelmäßig; statt aus Skepsis über die absurde Vorstellung von mir als Autor passiert das heute jedoch hauptsächlich in den Kochvideos auf meinem YouTube-Kanal ›CrispyRob‹, wenn mal wieder ein Ei runterfällt, der Kameramann nicht abwarten kann, bis er probieren darf, oder ein Gericht noch nicht ausreichend mit Käse garniert wurde: »Es gibt einfach kein ›zu viel Käse‹!«

Aber wer ist eigentlich dieser CrispyRob, und wie kam der nette Junge aus der Nachbarschaft auf die Idee, im Internet regelmäßig für über eine Million Zuschauer zu kochen?

Der Name kam viel früher als die Karriere. Als angehender Design-Student und leidenschaftlicher Fotograf und Filmemacher in der Blütezeit der sozialen Netzwerke brauchte ich dringend einen Künstlernamen, ein Internet-Pseudonym. Rob sollte darin vorkommen, so viel war klar; darüber hinaus war die Namensfindung, wie viele Dinge in meinem Leben, eine Entscheidung aus dem Bauch heraus – im wahrsten Sinne des Wortes: Ich mag knusprige Dinge, und ich hatte Hunger.
Zwei Jahre später habe ich dann meinen YouTube-Kanal erstellt, und jetzt, nach weiteren drei Jahren, schreibe ich also mein eigenes Kochbuch. Vieles hat sich verändert, doch der Name ist immer geblieben. Und so hat eine Verkettung von Bauchentscheidungen, die mit Hunger begann, zu diesem Werk geführt. Um ehrlich zu sein, bin ich schon ein kleines bisschen stolz, mich so auf mein Bauchgefühl verlassen zu haben – eine Eigenschaft, die einem auch in der Küche nicht schaden kann.

Soweit ich zurückdenken kann, hat mich das Zubereiten von Gerichten fasziniert. Meine allerersten Erfahrungen in der Küche habe ich mit gerade mal neun Jahren gesammelt, als ich Zucker in eine Pfanne auf den Herd geschüttet habe und dabei zugesehen habe, wie er karamellisiert ist. Das Erzeugnis meiner Kocheinlage habe ich anschließend aus der Pfanne gelöffelt und in den Kühlschrank gelegt, und fertig war mein erstes Gericht – ein unförmiges Karamellbonbon aus purem Zucker; sicher nicht das Gesündeste, was ich jemals zubereitet habe, aber damals habe ich überhaupt erst verstanden, dass Karamell aus Zucker hergestellt wird. Wie ich auf die Idee kam, als Neunjähriger allein am Herd zu spielen, kann ich mir bis heute nicht erklären, jedoch hat dieses Erlebnis in mir die Leidenschaft für das Kochen erweckt. Dass man durch die Kombination verschiedener Zutaten Neues kreieren und durch Hitze den Geschmack von Dingen verändern oder sie überhaupt erst essbar machen kann, fand ich ungemein faszinierend. Es hat sich für mich ein bisschen so angefühlt wie Magie, und es hat vor allem Spaß gemacht – und das tut es heute noch!

Mein Vater ist Koch, dadurch habe ich immer sehr viel Zeit in der Küche verbracht. Und selbst das allwöchentliche Kartoffelschälen für den familiären Besuch konnte mir den Spaß am Kochen nicht nehmen.

Angefangen, mich wirklich bewusst mit dem Thema Kochen auseinanderzusetzen, habe ich mit 14, als ich an Wochenenden aus dem Drang heraus, gemeinsam etwas Gutes zu essen, eingeschränkt durch das vom Taschengeld vorgegebene Budget und in Ermangelung an Alternativen, Kochabende mit meinen Freunden veranstaltet habe. Als ich begann, für meine Freunde Sushi zu machen, war mir nicht bewusst, dass ich mir für meine ersten Kocherfahrungen gleich eines der kompliziertesten Gerichte ausgesucht hatte, doch dieser Sprung ins kalte Wasser hat mir die Angst vor kulinarischen Herausforderungen genommen und sie durch Experimentierfreude ersetzt. Ich habe einfach alles ausprobiert, mich in viele Dinge eingelesen, Tutorials angeschaut – und bis heute hat sich noch keiner über mein Sushi beschwert. Neben den Erfolgserlebnissen, wenn etwas klappt und vor allem schmeckt, ist mir auch klar geworden, dass das Kochen einem doppelt so viel Freude macht, wenn man anderen damit eine Freude bereitet.

Mit 16 kam zu meiner Leidenschaft für das Kochen noch die fürs Filmen hinzu. Das Geld für meine erste eigene Kamera habe ich mir an jedem zweiten Wochenende in der Spülküche verdient; dafür habe ich über 20 Wochen an die 30.000 Teller gespült. Vermutlich hat sich damals schon ergeben, dass meine beiden Leidenschaften, Kochen und Filmen, für immer eng miteinander verwoben sein werden, oder sollte ich ›verrührt‹ sagen? Seitdem ist aus dem Studenten-WG-Koch CrispyRob der YouTube-Koch geworden. Mit meinen Kochvideos versuche ich, meinen Zuschauern meine Leidenschaft für das Kochen näherzubringen und sie dazu zu motivieren, sich selbst an den Herd zu begeben.

Dieses Kochbuch ist ebenso wenig eine penible Küchenfibel, vollgepackt mit 3-Sterne-Gerichten, wie es ein ausgewogener Fitness-Ernährungsplan ist, vielmehr ist es eine liebevoll zusammengestellte Sammlung aller Rezepte, die mich auf meinem Weg begleitet haben. Sie sollen vor allem Kochmuffel und Küchennovizen dazu motivieren, spielerisch Erfahrungen und Fortschritte im bewussten Umgang mit Lebensmitteln zu machen, sich mit Ernährung auseinanderzusetzen und genau zu wissen, was man isst und wie man es zubereitet.

In diesem Sinne, viel Spaß beim Nachkochen!

Euer Rob, CrispyRob

CRISPYROB'S KÜCHEN-TIPPS

WELCHE KÜCHENGRUNDAUSSTATTUNG BRAUCHE ICH?

Für die Küchenneulinge unter euch gibt es hier eine kleine Einführung, welche Gerätschaften in einer Küche zu finden sein sollten. Also ganz ehrlich, das meiste, was man heutzutage so kaufen kann, braucht man eigentlich gar nicht. Manches ist einfach nice to have, aber der wahre Koch zeigt sich nicht an der Ausstattung seiner Küche, sondern daran, wie sein Essen schmeckt. Und dafür braucht man eher weniger Geräte als guten Geschmack. ;-)

Es wäre übertrieben, wenn ich sagen würde, dass du eigentlich nur ein gutes Messer, eine ordentliche Pfanne und einen großen Topf benötigst, aber im Prinzip kannst du damit schon einen Großteil aller Gerichte zubereiten – von Gebackenem mal abgesehen. Mein Rat unter Freunden lautet daher: Investiere in ein gutes Messer, in eine ordentliche Pfanne und in einen großen Topf. Beim Rest solltest du auch auf Qualität achten und nicht den letzten Mist kaufen. Tja, und was sollte sich in deiner Küche nun so finden lassen? Here we go:

TÖPFE UND PFANNEN

- ☑ 1 großer Topf (für die Nudeln)
- ☑ 1 kleiner Topf (für die Soße)

Tipp: Geht bei dir leicht mal was kaputt, dann kaufe keine Töpfe mit Glasdeckeln, sondern lieber Töpfe mit Deckeln und Griffen aus Edelmetall oder Gusseisen. Die kannst du zum Überbacken auch in den Ofen schieben.

☑ **1 mittelgroße Pfanne**

Tipp: Achte darauf, dass die Pfanne beschichtet ist und einen schweren Boden hat, damit sie gut auf dem Herd aufliegt.

MESSER UND SCHNEIDEBRETT

☑ **1 großes Kochmesser mit breiter Klinge (eignet sich auch fürs Kräuterhacken)**
☑ **1 kleines, scharfes (Gemüse-)Messer**

Tipp: Beim Kauf eines Messers solltest du darauf achten, dass es gut in der Hand liegt und gut ausbalanciert ist. Der Umfang des Griffes sollte zu deiner Hand und deinen Fingern passen und das Material sich angenehm anfühlen.

☑ **1 Schneidebrett**

Tipp: Schneidebretter aus Holz sind hygienischer als Kunststoffbretter. Die Harze im Holz haben nämlich einen gewissen Selbstreinigungseffekt. Holzbretter solltest du von Hand spülen und nicht in der Spülmaschine, damit das Holz nicht aufquillt oder bricht.

Nice to have:
1 Brotmesser
1 Tomatenmesser

KÜCHENHELFER

☑ **1–2 Kochlöffel**

Tipp: Bei Kochlöffeln aus Kunststoff musst du darauf achten, sie nicht im heißen Topf zu lassen, denn sie könnten schmelzen. Am besten verwendest du einen Holzkochlöffel, denn der eignet sich auch für hohe Temperaturen.

☑ **Plastik- oder Edelstahlschüsseln in verschiedenen Größen**
☑ **1 Auflaufform**
☑ **1 Sparschäler**
☑ **1 Schneebesen**

Tipp: Auch ein Sparschäler und ein Schneebesen sollten einen angenehmen Griff haben.

☑ **1 Schöpflöffel**
☑ **1 Pfannenwender**
☑ **1 Messbecher**
☑ **1 Waage**
☑ **1 Dosenöffner**
☑ **1 Gemüsehobel**
☑ **1 Reibe (zum Beispiel eine einfache Vierkantreibe)**
☑ **1 Sieb**

Nice to have:
- 1 Zitruspresse
- 1 Knoblauchpresse
- 1 Pürierstab

BACKZUBEHÖR

Vorsicht, hier lauert eine Shopping-Falle: Backzubehör gibt es im Übermaß und jedes Rezept suggeriert, dass man alles Mögliche braucht. Angefangen von der Gugelhupfform über das Muffinblech bis hin zu Backformen mit den Umrissen von zauberhaften Häschen, Rentieren und Engeln. Für den Anfang reichen in der Regel aber die folgenden Dinge:

- ✓ 1 Handrührgerät
- ✓ 1 Teigschaber
- ✓ 1 Silikonpinsel

Tipp: Silikonpinsel verlieren keine Borsten. Zudem sind sie einfacher zu reinigen und hygienischer als Pinsel mit Borsten.

- ✓ Springform

Nice to have:
- 1 Backblech
- 1 Kastenform
- 1 Nudelholz

REZEPTE FÜR DIE MIKROWELLE

Abgesehen davon, dass Gerichte in der Mikrowelle ruck, zuck zubereitet werden können, hat das Kochen mit der Mikro noch den Vorteil, dass vor allem bei Gemüse die Vitamine und Nährstoffe erhalten bleiben und sich keine schädlichen Stoffe bilden können, da die Speisen in der Mikro nicht gebräunt werden.

EIN PAAR PUNKTE SOLLTEST DU BEIM KOCHEN MIT DER MIKRO BERÜCKSICHTIGEN:

1
Verwende kein Plastikgeschirr, da sich sonst vielleicht Weichmacher absondern und in die Speisen übergehen können. Am besten nimmst du Mikrowellengeschirr oder Geschirr aus Glas oder Keramik.

2
Rühre zwischendurch immer mal wieder um, damit alles gleichmäßig erhitzt wird.

3
Decke das Essen nur mit einem losen Deckel oder einer mikrowellengeeigneten Folie ab, damit die Luft entweichen kann. Du kannst dir sicher denken, was passiert, wenn du ein fest verschlossenes Gefäß erhitzt. Nicht? Vertrau mir einfach, und probiere es **NICHT** aus!

4
Alle Lebensmittel, die eine festere Haut haben wie z. B. Würstchen, solltest du vorher anpiksen, damit sie nicht platzen.

5
Tu dir selbst einen Gefallen und nimm das Essen immer nur mit einem Topflappen heraus.

MAC'N'CHEESE-TASSE

Was soll ich großartig sagen, außer dass Mac'n'Cheese einfach geil ist! Was gibt es Besseres als Nudeln mit geschmolzenem Käse? Es ist so einfach und so simpel, dass man es überall, wo es eine Mikrowelle gibt, zubereiten kann. Und es schmeckt einfach immer gut! Ich war mir zu Anfang etwas unsicher, ob dieses Rezept mit ins Buch soll, aber was wäre CheesyRob ohne ein richtig geiles und vor allem schnelles Rezept mit geschmolzenem Käse? Ich liebe nun mal Käse und deswegen ist dieses Rezept hier! Ich hoffe, ihr werdet es genauso lieben wie ich.

ZUTATEN FÜR 1 PORTION:
- ½ Tasse Makkaroninudeln
- ½ Tasse Wasser
- 2 EL Milch
- 60 g geriebenen Cheddar-Käse
- 1 TL Frischkäse
- Salz
- Pfeffer

Zubereitungszeit: 5 Minuten

Gib die Makkaroni in eine mikrowellenfeste Tasse mit gesalzenem Wasser und koche sie für 3 Minuten auf höchster Stufe in der Mikrowelle.
Rühre danach die Nudeln um und gib die Milch und den Frischkäse in die Tasse.
Füge den geriebenen Cheddar-Käse hinzu, rühre gut um und pfeffere das Ganze.
Stelle die Tasse für weitere 30 Sekunden in die Mikrowelle.
Rühre noch einmal um und fertig ist deine Mac'n'Cheese-Tasse aus der Mikrowelle!

CRISPYROB-TIPP:
Du musst nicht unbedingt Cheddar verwenden. Du kannst hier auch jeden anderen Käse nehmen, den du gerne magst. Ich persönlich liebe Cheddar! Aber das Wichtigste ist, dass der Käse gut schmilzt.

OMELETT-TASSE

Früher durfte ich von meinen Eltern aus nicht an den alten Gasgrill meiner Großeltern. Deswegen hat mein Opa mir beigebracht, wie ich ein Omelett in der Mikrowelle machen kann. Ich war als Kind so begeistert davon, wie einfach das Omelett zuzubereiten war und wie lecker es schmeckte, dass ich es bis heute noch regelmäßig mache. Besonders, wenn es schnell gehen muss, ist dies mein absolutes Lieblings-Frühstücksrezept. Der absolute Geheimtipp meines Opas ist, immer frische Kräuter wie z. B. Schnittlauch zu verwenden. Das macht das Omelett noch leckerer und bringt ein bisschen frische Farbe mit rein.

ZUTATEN FÜR 1 PORTION:
2 Eier
½ Paprika
2 Scheiben Kochschinken
etwas Schnittlauch
Salz
Pfeffer

Zubereitungszeit: 5 Minuten

Schlage die Eier in eine mikrowellenfeste Tasse. Schneide danach die Paprika und den Kochschinken in Würfel.
Schneide anschließend den Schnittlauch klein.
Gib alles in eine Tasse, verrühre das Ganze und würze mit einer Prise Salz und Pfeffer.
Gare das Omelett für 3 Minuten auf höchster Stufe in der Mikrowelle.
Fertig ist deine Omelett-Tasse!

CRISPYROB-TIPP:
Rühre 30 Gramm geriebenen Cheddar in die Tasse, bevor sie in die Mikrowelle kommt.
Und schon hast du eine Cheesy-Omelett-Tasse!

TOMATEN MIT MOZZARELLA-FÜLLUNG

ZUTATEN FÜR 1 PORTION:
2 große Tomaten
1 Handvoll Basilikum
½ Lauchzwiebel
20 g schnittfester Mozzarella
¼ Scheibe Toastbrot
1 TL Semmelbrösel
1 TL geriebener Parmesan
Salz
Pfeffer

Zubereitungszeit: 15 Minuten

Wasche die Tomaten, schneide jeweils einen Deckel ab und höhle das Innere mit einem Löffel aus.
Brause danach das Basilikum ab, schüttele es trocken und hacke es klein.
Wasche anschließend die Lauchzwiebel, putze sie und schneide sie in feine Ringe.
Reibe den Mozzarella und würfele den Toast fein.
Vermenge alles miteinander, mische die Brösel und den Parmesan unter und würze mit Salz und Pfeffer.
Fülle nun die Masse in die Tomaten, und setze sie in mikrowellenfestes Geschirr.
Gare sie bei hoher Temperatur (z. B. 800 Watt) portionsweise nacheinander für 2 bis 3 Minuten, so dass der Käse schmilzt. Falls nötig, kannst du die Tomaten noch 1 bis 2 Minuten länger garen.

»Alter, ist das pervers!«

CRISPYROB'S KLEINE KRÄUTERWEISHEITEN

Wie wird aus einem leckeren Omelett ein superleckeres? Richtig: Man gibt einfach frische Kräuter wie z. B. Schnittlauch dazu. Seit mein Opa mir diesen Tipp gegeben hat, stehen bei mir auf dem Fensterbrett in der Küche immer ein paar Töpfe mit frischen Kräutern. So habe ich meine Lieblingskräuter stets frisch zur Hand und kann mit ihnen jedes, aber auch wirklich jedes Gericht aufpeppen. Was bei mir unbedingt immer auf der Fensterbank stehen muss, sind Petersilie, Basilikum, Schnittlauch und Minze. Und wenn du jetzt denkst, dass ich die Minze nur für meinen Mojito brauche, täuschst du dich gewaltig, denn Minze eignet sich für Dips und Soßen, aber auch für selbst gemachte Limonaden und Desserts. Aus gezuckerten, kleingeschnittenen Erdbeeren wird mit etwas Minze und Vanilleeis ein Erdbeertraum.

Wenn du absolut keinen grünen Daumen hast und selbst die völlig anspruchslose Petersilie bei dir nur kümmerlich vor sich hin vegetiert, dann solltest du dir zumindest getrocknete Kräuter zulegen. Was jeder in seiner Küche haben sollte, sind italienische Kräuter, also Basilikum, Rosmarin, Thymian, Oregano und Salbei. Die gibt es auch schon als fertige Mischung zu kaufen und die gehören nun mal in jede ordentliche Tomatensoße, die etwas auf sich hält. Falls du ein Gurken-Liebhaber bist, dann sollte auch Dill nicht in deinem Sortiment fehlen. Denn ein Gurkensalat ohne Dill ist wie CrispyRob ohne Käse.

Eine letzte Kräuterweisheit möchte ich dir nicht vorenthalten. Kräuter gibt es auch in Form von Pestos zu kaufen, und das Geniale dabei ist, dass du diese Pestos nicht nur zum Pimpen von Fleisch oder Käse, sondern auch als Soße zu Nudeln verwenden kannst. Nudeln kochen, Pesto untermischen und fertig ist ein supereinfaches und superschnelles Gericht!

PASTA MIT ZUCCHINISOSSE

Wie viele andere Kids habe ich Gemüse als Kind gehasst und jedes Stück Grün auf meinem Teller bewusst gemieden. Heute muss ich sagen, dass ich Zucchini wirklich liebe! Es gibt so viele verschiedene Möglichkeiten, wie man Zucchini zubereiten kann, doch als Soße habe ich es erst vor kurzem entdeckt und bin superbegeistert. Deswegen musste dieses Rezept mit ins Buch!

ZUTATEN FÜR 1 PORTION:
125 g Bandnudeln
100 g Zucchini
¾ EL Olivenöl
½ Knoblauchzehe
Salz
Pfeffer
¼ TL getrockneter Thymian
⅛ TL getrockneter Rosmarin
12 g Gorgonzola
20 g Frischkäse
50 g saure Sahne
¼ EL Mehl
½ EL gehackte Dillspitzen

Zubereitungszeit: 15 Minuten

Koche die Bandnudeln in reichlich Salzwasser nach Packungsanleitung bissfest.
Wasche in der Zwischenzeit die Zucchini und schneide sie in kleine Stücke.
Schäle danach den Knoblauch und hacke ihn fein.
Gib die Zucchini und den Knoblauch mit Öl, Salz, Pfeffer, Thymian und Rosmarin in eine Schüssel und gare das Ganze zugedeckt bei 850 Watt ca. 5 Minuten.
Zerdrücke nun den Gorgonzola leicht, verrühre ihn mit dem Frischkäse, der sauren Sahne, dem Mehl und dem Dill und gib alles zum Gemüse. Vermenge alles gut miteinander.
Gare alles bei 850 Watt weitere 5 Minuten. Rühre nach 2 Minuten gut durch, lass alles weitergaren, rühre nochmals gut durch und schmecke ab.
Vermische zum Schluss die Soße mit den Nudeln und richte die Nudeln mit Dill garniert auf Tellern an.

CHICKEN-SPIESS

Ich erinnere mich noch gut an meine Zeit als Student zurück. Damals habe ich von Monat zu Monat gelebt und versucht, so gut wie möglich mit meinem Geld auszukommen. Am Ende des Monats war meistens nicht mehr viel davon übrig, und wie es dann oft so kommt, ging eines Tages auch noch die Herdplatte in unserer WG kaputt. Weil kein Geld für eine neue da war, musste ich kreativ werden, um weiterhin günstig kochen zu können. Deswegen kam ich auf die Idee, das Hühnchen in der Mikrowelle zu garen, und war ziemlich überrascht, als das funktioniert hat. Bis heute mache ich mein Hähnchen noch oft in der Mikrowelle, nicht weil ich muss, sondern weil es einfach superschnell und easy ist.

ZUTATEN FÜR 1 PORTION:
100 g Hühnerbrust
Salz
schwarzer Pfeffer
etwas Muskatnuss
etwas Oregano
¼ rote Paprikaschote
¼ gelbe Paprikaschote

AUßERDEM:
3 kleine Bambusspieße

Zubereitungszeit: 30 Minuten

Schneide das Huhn in kleine Würfel (mit einer Seitenlänge von ca. 2 cm) und gib sie in eine Schüssel.

Würze das Fleisch mit Salz, Pfeffer, ein wenig Muskatnuss und Oregano. Lass die Gewürze eine halbe Stunde in das Fleisch einziehen.

Schneide in der Zwischenzeit die Paprikaschoten in Würfel in der Größe der Hühnerwürfel.

Spieße nun abwechselnd das Fleisch und die Paprikawürfel auf die Bambusspieße.

Lege die fertigen Spieße auf eine Platte und setze diese auf den höchsten Grillrost in der Mikrowelle.

Grille die Spieße für 20 bis 30 Minuten (je nach Mikrowelle).

WAS MUSS ICH BEI DER ZUBEREITUNG VON HÜHNCHENFLEISCH BEACHTEN?

Hühnchen und anderes Geflügelfleisch ist ja richtig lecker, aber leider kann das Fleisch – auch tiefgefroren – mit Krankheitskeimen belastet sein. Deshalb solltest du folgende Punkte bei der Zubereitung beachten:

1
Damit mögliche Keime nicht auf andere Speisen übertragen werden, solltest du rohe Geflügelprodukte immer von anderen Lebensmitteln getrennt lagern und zubereiten.

2
Bewahre frisches Geflügelfleisch gut gekühlt auf (bis maximal +4 °C). Taue tiefgefrorenes Geflügelfleisch ohne Verpackung im Kühlschrank auf und entsorge die Verpackung und das Auftauwasser sorgfältig.

3
Ganz wichtig ist, dass du Haushaltsgeräte und Küchenoberflächen, die mit dem Fleisch in Berührung gekommen sind, äußerst gründlich mit warmem Wasser und Spülmittel reinigst, bevor du sie weiter verwendest.

4

Das Gleiche gilt auch für deine Hände: Wasche sie zwischen den einzelnen Zubereitungsschritten gründlich mit warmem Wasser und Seife.

5

Und last but not least: Gare oder grille das Geflügelfleisch ausreichend durch. Das Fleisch sollte im Kern mindestens eine Temperatur von +70 °C erreichen und durchgehend weißlich geworden sein.

Wenn du alles beachtest, haben Salmonellen keine Chance bei dir!

SCHOKOLADENKUCHEN

ZUTATEN FÜR 4 PORTIONEN:
150 g Butter
260 g Zucker
3 Eier
200 g Weizenmehl
40 g Kakaopulver
2 EL Puderzucker

Zubereitungszeit: 15 Minuten

Lass die Butter in der Mikrowelle bei 400 Watt für 1 Minute schmelzen.
Verrühre währenddessen den Zucker in einer Schüssel mit den Eiern.
Gib das Mehl und das Kakaopulver dazu, dann die geschmolzene Butter und den Puderzucker.
Fette ein Crème-brûlée-Schälchen ein und fülle die Teigmischung gleichmäßig ein.
Backe den Kuchen bei 700 Watt für 5 bis 7 Minuten.
Nimm den Kuchen aus der Mikrowelle und lass ihn abkühlen.

CRISPYROB-TIPP:
Du kannst den Kuchen mit frischen Beeren und Schokoladensoße verzieren.

»Das ist so gut, dass es nicht mal notwendig ist, darüber zu reden, wie es eigentlich schmeckt!«

BANANENBROT-TASSE

Ich werde niemals den Tag vergessen, als ich das erste Mal Bananenbrot gegessen habe. Ich war superüberrascht, wie unglaublich lecker Bananenbrot ist. Normalerweise gehören Bananen für mich nicht aufs Brot; höchstens mal zur Schokocreme **auf** dem Frühstücksbrötchen, aber auf keinen Fall **in** das Brot! Also ist Bananenbrot für mich etwas, was ich eigentlich nicht essen würde. Aber Freunde, ich kann euch raten, dieses Bananenbrot nachzumachen. Ihr werdet überrascht sein, wie geil das schmeckt.

ZUTATEN FÜR 1 PORTION:
- ½ Banane
- 3 EL brauner Zucker
- 3 EL Mehl
- 1 EL Milch
- ½ TL Backpulver
- 1 TL Öl
- 1 Prise Vanillearoma
- 1 Ei

Zubereitungszeit: 5 Minuten

Schneide die Banane in Scheiben, gib sie in eine mikrowellenfeste Tasse und zerdrücke sie mit einer Gabel. Du musst die Bananen nicht perfekt zu einem Brei zerdrücken, es können ruhig noch kleine Stückchen übrig bleiben.
Gib als Nächstes den Zucker, das Mehl, die Milch, das Backpulver, das Öl, das Vanillearoma und das Ei in die Tasse und verrühre das Ganze zu einer Masse.
Erhitze die Tasse für 90 Sekunden in der Mikrowelle und schon ist dein Bananenbrot fertig.

CRISPYROB-TIPP:
Für die Schleckermäuler und Naschkatzen unter euch: Man kann das Bananenbrot, je nach Geschmack, noch mit Frosting, Schokostreuseln, Nutella oder Zimt garnieren, um ihm einen besonderen süßen Touch zu verleihen.

CHEESECAKE

Egal, wo ich auf der Welt gerade herumreise, es gibt keinen Ort, an dem ich nicht einen Cheesecake esse. Ich habe schon einige probiert und muss ehrlich gestehen, dass ich meinen bisher besten in New York gegessen habe. Trotzdem bin ich weiterhin auf der Suche nach dem besten Cheesecake der Welt und ich bin mir sicher, dass ich noch einige davon essen werde. Bis dahin habe ich hier mein ganz eigenes Rezept für die Mikrowelle, quasi der Cheesecake für zwischendurch, wenn die Zeit zwischen den Reisen mal etwas zu lang wird.

ZUTATEN FÜR 1 PORTION:
4 Butterkekse
1 EL Butter
100 g Frischkäse
2 EL Zucker
1 Prise Vanillearoma
12 Blaubeeren

Zubereitungszeit: 10 Minuten

CRISPYROB-TIPP:
Es ist nicht schlimm, wenn dir der Cheesecake nicht beim ersten Mal gelingt! Der Geschmack wird trotzdem Bombe sein!

Zerkleinere die Butterkekse in einer Plastiktüte zu Streuseln.
Gib die Butter in eine mikrowellenfeste Tasse und erhitze sie zehn Sekunden lang in der Mikrowelle, um sie zum Schmelzen zu bringen.
Fülle die geschmolzene Butter und die Kekskrümel in ein mikrowellenfestes Crème-brûlée-Schälchen.
Vermenge die Butter und die Kekskrümel miteinander und drücke sie am Boden der Schale fest.
Verrühre den Frischkäse, den Zucker und das Vanillearoma zu einer Masse, gib sie in die Schale und verstreiche sie auf dem Keksboden.
Erhitze die Schale für 4 Minuten in der Mikrowelle. Öffne dabei alle 45 Sekunden kurz die Mikrowelle, um heiße Luft entweichen zu lassen.
Stelle den Cheesecake für 1 Minute ins Gefrierfach, um ihn abkühlen zu lassen.
Lockere dann den Teig rundherum mit einer Messerspitze und stürze den Cheesecake auf einen Teller.
Nun kannst du ihn mit Blaubeeren garniert servieren.

GEBRANNTE MANDELN

Als Kind war ich häufig mit meinen Eltern auf dem Jahrmarkt. Bei jedem Besuch hatten wir ein bestimmtes Ritual: Am Ende durfte ich mir etwas für zu Hause von einem Süßigkeitenstand aussuchen. Es wurden fast immer die gebrannten Mandeln. Der nussige Geschmack mit reichlich kandiertem Zucker hat mich einfach immer schwachgemacht. Als ich älter wurde, war ich nur noch selten auf dem Jahrmarkt und habe kaum noch gebrannte Mandeln gegessen. Eines Tages hatte ich aber so Bock auf gebrannte Mandeln, dass ich einfach versucht habe, sie selbst zu machen. Faul wie ich war, hatte ich natürlich keine Lust, sie am Herd zu machen, und habe kurzerhand die Mikrowelle benutzt. Das hat mich zwar eine Mikrowelle gekostet, aber dafür habe ich jetzt ein megageiles Rezept für gebrannte Mandeln aus der Mikrowelle.

ZUTATEN FÜR 1 PORTION:
200 g ungeschälte Mandeln
4 EL brauner Zucker
2 EL Wasser
1 TL Zimt

Zubereitungszeit: 10 Minuten

Verrühre alle Zutaten in einer feuerfesten Form.
Gib die Masse für 2 Minuten bei voller Leistung in die Mikrowelle (nicht abdecken).
Rühre danach um und backe die Mandeln noch einmal für 2 Minuten.
Rühre ein weiteres Mal um und backe die Mandeln weitere 2 Minuten in der Mikrowelle.
Streiche sie danach auf ein Blech und lass sie erkalten.

CRISPYROB-TIPP:
Vorsicht! Die Schale ist superheiß und der heiße Zucker kann ganz schön gefährlich sein! Pass hier besonders gut auf deine Finger und Hände auf!

WEISSER SCHOKOKUCHEN

ZUTATEN FÜR 1 PORTION:
15 g Butter
20 g weiße Schokolade (ca. 5 Stücke)
1 EL gehackte Mandeln
2 EL Zucker
3 EL Sahne
1 Ei
3 EL Mehl (ca. 25 g)
2 EL Speisestärke (ca. 20 g)
½ TL Backpulver
Puderzucker (und Beeren nach Belieben)

Zubereitungszeit: 10 Minuten

Gib die Butter, die Schokolade und die Mandeln in einen mikrowellenfesten Becher und erhitze das Ganze in der Mikrowelle bei 600 Watt für ca. 1 Minute, bis die Butter und die Schokolade geschmolzen sind.
Rühre danach die Masse mit einer Gabel oder einem Mini-Schneebesen glatt.
Mische den Zucker, die Sahne und das Ei unter.
Gib dann das Mehl, die Stärke und das Backpulver in den Becher.
Verquirle alles zu einem glatten Teig.
Stelle den Becher in die Mikrowelle und backe den Kuchen bei 600 Watt für ca. 1 Minute und 20 Sekunden, bis die Oberfläche fest ist.
Nimm den Cake heraus und bestäube ihn nach Belieben mit Puderzucker, und garniere ihn mit Beeren.

REZEPTE FÜR DEN
SANDWICHMAKER

Ein Sandwichmaker funktioniert im Prinzip so wie ein Waffeleisen: Deckel auf, Sandwich rein, Deckel zu und toasten. Fertig. Nur sind die Mulden in den beiden Heizplatten wie Sandwichscheiben geformt und nicht rund oder in Herzform wie beim Waffeleisen. Das Geniale beim Sandwichmaker ist, dass die Mulden zur Mitte hin tiefer sind und einen diagonalen Steg in der Mitte haben. Dadurch wird der Toast an den Rändern und in der Diagonale zusammengedrückt und backt dort zusammen. So bleibt deine Füllung da, wo sie hingehört, nämlich in der Mitte, und die typischen, dreieckig geformten Toaststücke kommen automatisch dabei heraus.
Ob die Sandwiches fertiggetoastet sind, siehst du, wenn sie hellbraun getoastet sind.

AUCH HIER EIN PAAR TIPPS ZUM KAUF UND BEI DER VERWENDUNG EINES SANDWICHMAKERS:

1
Achte auf eine Antihaftbeschichtung, dann kannst du dir das Einfetten getrost sparen.

2
Wenn du wie ich viele verschiedene Zutaten auf deinem Sandwich magst, dann nimm einen Sandwichmaker mit mehrfach verstellbarem Verschluss. So kannst du die Höhe der Heizplatten dem jeweiligen Sandwichbelag anpassen.

3
Heize das Gerät immer vor und lass es nach dem Gebrauch erst einmal abkühlen, bevor du es reinigst. Dazu reicht ein feuchter Lappen, mit dem du mögliche Rückstände auf den Platten entfernst.

BBQ-BACON-SANDWICH

Es gibt eine Regel bei CrispyRob: Wer Bacon genau so liebt wie ich, dem muss ich einfach ein BBQ-Bacon-Sandwich zubereiten. Jeder, der es bisher gegessen hat, hat mich danach mit offenen Augen angestarrt und konnte nicht glauben, wie unglaublich lecker das ist. Ich meine, mal im Ernst: Welcher Bacon-Liebhaber steht nicht auf ein Sandwich, das von Bacon ummantelt ist? Mehr Bacon geht nicht! :D

ZUTATEN FÜR 1 PORTION:
2 Scheiben Sandwichtoast
1 Ei
2 TL Barbecue-Soße
½ Kugel Mozzarella
8 Scheiben Bacon

Zubereitungszeit: 20 Minuten

Mach bei einer Toastbrotscheibe in die Mitte ein Loch. Erhitze eine beschichtete Pfanne auf mittlere Stärke, gib das Toastbrot hinein und schlage in das Loch das Ei hinein. Wende das Toastbrot nach etwa 2 bis 3 Minuten. Bestreiche die andere Toastbrotscheibe mit BBQ-Soße und lege den in Scheiben geschnittenen Mozzarella drauf. Gib nun das Toastbrot mit dem Eikern auf den Mozzarella und ummantle das Ganze mit dem Bacon. Lege dazu 4 Streifen vom Bacon waagerecht und 4 Streifen senkrecht darauf und wickle sie komplett um das Sandwich.
Das in Bacon umhüllte Sandwich kommt nun für ca. 6 bis 8 Minuten in den Sandwichmaker, bis der Bacon knusprig und goldbraun ist.
Fertig ist dein BBQ-Bacon-Sandwich!

CRISPYROB-TIPP:
Den XXL-Bacon-Liebhabern empfehle ich, noch eine zweite Schicht Bacon um die erste zu legen! Superlecker! Superfettig! :D

BBQ MAL ANDERS!

LADE FREUNDE EIN UND VERANSTALTE EINE BBQ-SANDWICH-PARTY!

Wer sagt, dass ein Barbecue immer nur eine Grillparty sein muss? Genauso lustig und vor allem schmackhaft kann auch eine BBQ-Sandwich-Party sein. Und das Beste dabei ist, dass du nicht viel vorbereiten musst, wenn jeder das mitbringt, was er gerade zu Hause hat. Alles geht: Butter, Frischkäse, Tomaten, Gurken, Champignons, Ananas, Kochschinken, Würstchen, Soßen, Marmelade, Nutella, Erdnussbutter und vor allem viiiiiiiiel Käse. Besorge zur Sicherheit genug Toastbrot, damit nicht die Hauptzutat knapp wird (neben Käse, versteht sich).
Und dann legt einfach los: Macht euch Sandwiches laut Rezept oder belegt sie nach Belieben und kreiert eigene Rezepte. Vergesst die süßen Varianten nicht!

TOMATE-MOZZARELLA-SANDWICH

ZUTATEN FÜR 1 PORTION:
½ Tomate
½ Kugel Mozzarella
2 Scheiben Sandwichtoast
etwas Olivenöl
etwas Balsamicoessig
Salz
Pfeffer
etwas frisches Basilikum

Zubereitungszeit: 10 Minuten

Schneide die Tomate und den Mozzarella in Scheiben. Belege eine Scheibe Toastbrot damit.
Würze das Ganze mit Olivenöl, Balsamicoessig, Salz und Pfeffer.
Streue frisches Basilikum darüber und decke alles mit der zweiten Scheibe Toastbrot ab.
Toaste nun das Sandwich im Sandwichmaker, bis alles eine schöne Bräune hat.

»Guter Snack für zwischendurch!«

HOTDOG-SANDWICH

Kennt ihr diesen Moment, wenn ihr gerne zwei Dinge gleichzeitig essen würdet, die aber eigentlich komplett verschieden sind? Mir geht das superoft so. :D
So ist auch dieses Sandwich entstanden. Irgendwie wollte ich Hotdog, irgendwie aber auch ein geiles Sandwich. Kurzerhand habe ich einfach alles zusammen in den Sandwichtoaster getan und heraus kam ein Sandwich, das nicht nur megalecker schmeckt, sondern auch optisch von innen ein echter Hingucker bei Gästen ist.

ZUTATEN FÜR 1 PORTION:
2 Scheiben Sandwichtoast
1 Wiener Würstchen oder
2 Hotdog-Würstchen
2 TL Röstzwiebeln
1 EL Essiggurken in Scheiben
Ketchup
Senf

Zubereitungszeit: 10 Minuten

Bestreiche eine Scheibe Toast mit Ketchup, die andere mit Senf.
Teile die Würstchen der Länge nach (halbiere das Wiener Würsten vorher noch) und lege die vier Würstchenhälften auf die untere Scheibe Toast. Streue nun die Röstzwiebeln und die Essiggurken über die Würstchen und lege die zweite Toastbrotscheibe darauf.
Backe anschließend das Sandwich für 5 Minuten im Sandwichmaker.

CRISPYROB-TIPP:
Niemals die Ecken vergessen! Es gibt nichts Schlimmeres als trockene Ecken.

VIER-KÄSE-CHEESY-ROB-SANDWICH

Was wäre CheesyRob ohne ein Rezept, das nicht zu 70% aus Käse besteht? Es gibt kein zu viel Käse. Es gibt vielleicht zu viel Brot oder zu viel Nudeln, aber Käse? Auf keinen Fall! Deswegen habe ich dieses Sandwich kreiert. Wer genauso verliebt in Käse ist wie ich, wird dieses Sandwich lieben. Vier Sorten Käse, die das Sandwich zu einer echten Käse-Explosion machen! Sollte es einen Käse-Gott geben, widme ich ihm dieses Sandwich. Lang lebe der Käse!

ZUTATEN FÜR 1 PORTION:
2 Scheiben Sandwichtoast
50 g Kräuterfrischkäse
½ Kugel Mozzarella
50 g geriebener Gouda
1 Scheibe Cheddar-Käse

Zubereitungszeit: 10 Minuten

Bestreiche beide Scheiben Toast großzügig mit Frischkäse.
Schneide den Mozzarella in dünne Scheiben und belege eine Toastscheibe damit.
Gib nun den Gouda und den Cheddar darauf.
Lege das zweite Toastbrot darüber und toaste das Sandwich für 5 Minuten im Sandwichmaker.

CRISPYROB-TIPP:
Du kannst hier auch andere Käsesorten verwenden. Nimm, was dir am besten schmeckt. Wichtig ist nur: Es gibt nie zu viel Käse! Mehr ist immer besser!

CRISPYROB'S KLEINE KÄSEKUNDE

Käse. Mann, was soll ich sagen? Gibt es etwas Geileres als Käse? Käse geht immer und passt so ziemlich zu allem – selbst zu Süßem. Oder hast du etwa noch nie eine Feige mit Ziegenkäse gegessen? Alter, du weißt echt nicht, was dir entgangen ist. Also, für alle Käse-Neulinge da draußen: Hier kommt eine kleine Einführung von Ich-liebe-einfach-Käse-CrispyRob:

Zunächst einmal: Es gibt wahnsinnig viele Käsesorten, die ich hier unmöglich alle aufzählen kann. Nach der deutschen Käseverordnung – ja, so etwas gibt es – kann man die vielen Sorten aber in sieben Gruppen zusammenfassen. Diese Zuordnung hängt davon ab, wie hoch jeweils der Wassergehalt eines Käses in seiner fettfreien Käsemasse ist. Und heraus kommen dann diese Sortengruppen: Frischkäse, Pasta-Filata-Käse, Weichkäse, Sauermilchkäse, halbfester Schnittkäse, Schnittkäse und Hartkäse.

Von den **Hartkäsen** kennst du bestimmt den Emmentaler, den Parmesan oder den von mir über alles geliebten Cheddar. Sie alle zeichnen sich durch einen relativ geringen Anteil an Wasser und einem hohen Anteil an Fett aus, und sie reifen relativ lange. Daher haben diese Sorten meist ein sehr ausgeprägtes und kräftiges Aroma.

Wenn du es etwas weicher und »saftiger« magst, dann empfehle ich dir **Schnittkäse**, wie zum Beispiel einen Gouda, Edamer, Tilsiter, Appenzeller oder Raclette-Käse.

Bist du ein Fan von Edelschimmelkäse, Butterkäse, Roquefort, Gorgonzola oder Esrom? Dann outest du dich als Liebhaber von **halbfettem Schnittkäse**, wobei dieser Begriff so gut wie gar nichts über die Bandbreite und Sortenvielfalt dieser Gruppe verrät. Auch die geschmackliche Palette reicht von mild bis salzig-pikant.

Weichkäse wiederum sind, wie der Name schon sagt, saftiger in der Konsistenz, die sich durch einen relativ hohen Wasseranteil ergibt. Dadurch reifen Weichkäse nicht gleichmäßig, sondern von außen nach innen durch. Häufig wird die Oberfläche von Weichkäse mit einer Pilzkultur behandelt, die auf dem Käse meist die typisch weiße Schimmelschicht bildet. Klingt eklig, schmeckt aber geil! Oder kannst du einen Camembert, Brie, Limburger oder Münsterkäse einfach so auf dem Teller liegen lassen?

Wusstest du, dass Quark, Mascarpone, Cottage Cheese oder Hüttenkäse zur Gruppe der **Frischkäse** gehören? Und dass sie sich von allen anderen Käsesorten darin unterscheiden, dass sie nicht reifen und nur für kurze Zeit haltbar sind? Also bei mir werden Quark, Mascarpone und Co. sowieso nicht alt ... Denn Frischkäse ist saftig und schmeckt wunderbar frisch. Man kann ihn mit Kräutern verfeinert als Brotaufstrich verwenden, aber auch für Süßspeisen und Backwaren. Auf mein ultimatives Cheesecake-Rezept muss ich dich ja wohl nicht extra hinweisen, oder?

HAWAII-SANDWICH

ZUTATEN FÜR 1 PORTION:

1 Scheibe Ananas, frisch oder aus der Dose

1 Scheibe Kochschinken

2 Scheiben Sandwichtoast (nach Belieben auch Vollkorn)

etwas Remoulade, Sauce béarnaise oder hollandaise

1 Kirsche

4 Scheiben Schmelzkäse

Zubereitungszeit: 10 Minuten

Schneide zunächst eine Scheibe von einer frischen Ananas ab oder lass eine Scheibe Ananas aus der Dose abtropfen.
Gib dann den Kochschinken auf eine Scheibe Toast und verteile etwas Soße darauf.
Lege die Ananasscheibe darauf, setze die Kirsche in die Mitte und lege den Käse obenauf.
Lege die zweite Scheibe Toast darüber und toaste alles goldbraun.

»Schmeckt fast wie Urlaub.«

HÄHNCHEN-AVOCADO-SANDWICH

ZUTATEN FÜR 1 PORTION:
100 g Hähnchenbrust
1 EL Öl
½ Avocado
2 Stängel Koriander
2 Scheiben Sandwichtoast
(Vollkorn- oder Weizentoast)
50 g geriebener Cheddar
Salz
Pfeffer

Zubereitungszeit: 20 Minuten

Wasche die Hähnchenbrust, schneide sie in Scheiben und salze und pfeffere sie.
Erhitze nun das Öl in einer kleinen Pfanne, brate die Hähnchenscheiben darin kross an und gare sie durch.
Befreie die Avocado von der Schale und dem Kern und schneide sie ebenfalls in Scheiben.
Brause den Koriander, zupfe die Blätter von den Stängeln und hacke sie etwas klein.
Belege die eine Toastscheibe mit den Hähnchenbrustscheiben, den Avocadoscheiben, dem Cheddar und dem Koriander.
Lege die zweite Toastscheibe darüber.
Gib die Hähnchen-Avocado-Sandwiches in den Sandwichmaker und warte, bis das Sandwich fertig ist (bei meinem Sandwichmaker geht dann ein grünes Licht an).

»Keine halben Sachen!«

APFELTASCHEN

Ich erinnere mich noch genau an den Moment, als ich mir das erste Mal den Mund an einer Apfeltasche verbrannt habe. Ich dachte, das war's mit meinem Mund und ich werde die nächsten Wochen nur noch Eis essen können. Nichtsdestotrotz bleibt es natürlich nie bei nur einer Apfeltasche. Verbrannt oder nicht, wer einmal eine Apfeltasche gegessen hat, wird sie immer wieder essen wollen. Weil ich aber einfach viel lieber selbst koche, als eine Apfeltasche beim Fastfood-Riesen um die Ecke zu kaufen, habe ich hier für euch mein Apfeltaschen-Rezept für den Sandwichtoaster.

ZUTATEN FÜR 8 STÜCK:
1 Packung Blätterteig aus der Kühltheke

1 Glas Apfelkompott, mit Stückchen und gezuckert

Zimt und Puderzucker nach Belieben

Zubereitungszeit: 15 Minuten

Breite zunächst den Blätterteig aus und halbiere den Teig mit einem Messer einmal waagerecht und einmal senkrecht, so dass vier gleich große Rechtecke entstehen. Gib das Apfelkompott in eine Schüssel und vermenge es nach Belieben mit Zimt.
Lege ein Rechteck des Blätterteigs passend auf den Boden des Sandwichmakers.
Gib in jedes Dreieck ca. einen Esslöffel der Apfelmusmasse und bedecke alles mit einem weiteren Stück Blätterteig. Drücke die Ecken mit dem Finger leicht an, damit keine Masse herausläuft.
Verfahre mit den beiden restlichen Blätterteigstücken ebenso.
Backe die Apfeltaschen für 9 Minuten, ohne zwischendurch den Sandwichmaker zu öffnen.
Löse die fertigen Apfeltaschen vorsichtig aus dem Sandwichmaker, schneide sie in Dreiecke und bestäube sie mit Puderzucker.

DREIECKIGE MUFFINS

Vorsicht! Bestimmt habt ihr euch hier verlesen, ich meine natürlich nicht dreckige Muffins, sondern DREIECKIGE Muffins! :D
So was habt ihr bestimmt noch nie gesehen! Diese Muffins sind ein echter Hingucker für jeden. Probiert es mal aus und überrascht eure Freunde, Familie oder Kollegen mit diesem Rezept.

ZUTATEN FÜR 4 STÜCK:
60 g Mehl
60 g Butter
30 g Zucker
1 Päckchen Vanillinzucker
1 Ei

Zubereitungszeit: 10 Minuten

Verarbeite alle Zutaten mit einem Handrührgerät zu einem glatten Teig.
Du kannst noch weitere Zutaten wie Mandeln oder Schokostückchen hinzugeben.
Gib den Teig in einen Sandwichmaker und backe ihn für 7 Minuten.

CRISPYROB-TIPP:
Die Muffins schmecken warm am besten!

NUTELLA-MARSHMALLOW-FRENCH-TOAST

Wer von uns hat nicht manchmal Lust auf den ultimativen Zuckerschock? Es gibt diese bestimmten Tage, da braucht man einfach Zucker und am besten viel davon auf einmal. So ist dieses Sandwich entstanden. Natürlich könnt ihr dieses Sandwich pimpen, wie ihr es am liebsten mögt; alles ist möglich, solange es süß und klebrig ist! :P

ZUTATEN FÜR 1 PORTION:
2 Scheiben Sandwichtoast
4 EL Nutella
4 Marshmallows
1 Ei
80 ml Milch

Zubereitungszeit: 10 Minuten

Bestreiche eine Toastbrotscheibe mit Nutella. Verteile die Marshmallows auf der Creme. Lege dann die andere Toastbrotscheibe darauf und drücke sie fest.
Verquirle das Ei und die Milch in einer flachen Schüssel und lass die Toasts sich darin vollsaugen.
Backe nun die Toasts für 5 Minuten im Sandwichmaker aus.

CRISPYROB-TIPP:
Du kannst auch Marshmallows mit Geschmack verwenden. Erdbeere schmeckt zum Beispiel mega!

»Keine Produktplatzierung, nur eine nett gemeinte Empfehlung :D«

KIBA-SANDWICH

ZUTATEN FÜR 1 PORTION:
2 Scheiben Sandwichtoast
2 EL Kirschmarmelade
½ Banane
2 EL Vanillesoße

Zubereitungszeit: 10 Minuten

Bestreiche beide Toastscheiben mit Kirschmarmelade.
Schneide anschließend die Banane in Scheiben und verteile sie auf einem Toastbrot.
Gieße danach die Vanillesoße über die Bananen.
Lege zum Schluss die zweite Toastscheibe darüber und backe das Sandwich für 5 Minuten im Sandwichmaker.

»Alter, ist das pervers!«

REZEPTE FÜR DAS WAFFELEISEN

Wenn du am Anfang des Kapitels zum Sandwichmaker gut aufgepasst hast, werden dich die folgenden Hinweise zum Kauf und bei der Verwendung eines Waffeleisens nicht gerade überraschen:

1
Wenn du wie ich oft viele Waffeln auf einmal backen willst, lohnt sich die Anschaffung eines Doppelwaffeleisens. Praktisch sind auch Geräte mit einem Regler für den gewünschten Bräunungs- und Knuspergrad.

2
Achte beim Kauf eines Waffeleisens darauf, dass die Platten schwer sind.
Dann verteilt sich die Wärme gleichmäßig und die Waffeln werden durchgängig braun.

3
Bei einem Waffeleisen mit Antihaftbeschichtung reicht normalerweise das im Teig enthaltene Fett, damit die Waffeln nicht festbacken.

4
Heize das Waffeleisen wie den Sandwichmaker immer vor und lass es nach dem Gebrauch erst einmal abkühlen, bevor du es mit einem feuchten Lappen reinigst.

PIZZA-WAFFEL

Die wohl knusprigste Pizza der Welt. Ich bin wirklich ein riesiger Fan von knuspriger Pizza! Meine Pizza kann quasi nicht crispy genug sein. :D Deswegen habe ich mir überlegt, wie ich zu Hause die perfekte knusprige Pizza machen kann. Ich kam auf die Idee, eine Pizza im Waffeleisen zu machen, und siehe da: Heraus kam die für mich knusprigste Pizza der Welt! :)

ZUTATEN FÜR 4 PORTIONEN:

Für den Pizzateig:
20 g Hefe
150 ml Wasser
1 Prise Zucker
300 g Weizenmehl
1–2 EL Olivenöl extra vergine
1 Prise Salz

Für die Tomatensoße:
300 g Tomaten, stückig, aus der Dose
1 Knoblauchzehe
1 Prise Salz
1 Prise Pfeffer
2 EL italienische Kräuter

FÜR DEN BELAG:
Nach Belieben:
gekochter Schinken, Salami, Käse, Tomatenscheiben, Champignons, Paprika etc.

Zubereitungszeit: 60 Minuten

PIZZATEIG:

Löse zunächst die Hefe im lauwarmen Wasser auf, gib eine Prise Zucker hinzu, mische gut durch und stelle das Ganze warm, bis sich Bläschen bilden.

Gib das Hefewasser zum Mehl, füge das Olivenöl und eine Prise Salz hinzu. Knete alles gut durch, bis der Teig locker-klebrig ist.

Lass den Teig 30 bis 45 Minuten an einem warmen Ort gehen, bis er sich verdoppelt hat.

TOMATENSOSSE:

Gib die Tomaten in einen Topf und füge die gepresste Knoblauchzehe hinzu.

Salze und pfeffere die Tomatensoße und würze sie mit italienischen Kräutern.

Erhitze die Soße und lass sie köcheln. Größere Tomatenstücke kannst du mit dem Stampfer noch verkleinern. ▶

BELAG:
Rolle nun den Pizzateig aus und bring ihn entweder als Ganzes oder in auf die Form anpassten Teilstücken aufs Waffeleisen.
Bestreiche dann den Teig gleichmäßig mit der Tomatensoße.
Belege die Pizza nach Belieben. Es empfehlen sich flache Beläge, wie z. B. Kochschinken, Salami, Tomatenscheiben und Pizzakäse (geriebener Mozzarella oder Edamer).
Du kannst natürlich nach Lust und Laune belegen, z. B. mit Champignons oder Paprika. Denk nur daran, alles in möglichst dünne Scheiben zu schneiden.
Gib dann eine Lage Pizzateig über den Belag.
Schließe das Waffeleisen, schneide eventuell überstehende Teile mit einem Messer weg und warte etwa 7 Minuten, bis alles gut durchgebacken ist. Nimm am besten die höchste Hitzestufe.

CRISPYROB-TIPP:
Wenn du den Teig und die Soße nicht selbst machen möchtest, kannst du natürlich auch einen fertigen Pizzateig und Tomatensoße aus dem Supermarkt verwenden!

ZUCCHINI-PARMESAN-WAFFELN MIT TOMATEN-BASILIKUM-MARMELADE

ZUTATEN FÜR 8 PORTIONEN:

Für die Waffeln:
1 Zucchini
1 kleine Zwiebel
80 g Parmesan
Pfeffer
125 g Butter
1 TL Salz
6 Eier
350 g Mehl
2 gestrichene TL Backpulver
370 ml Milch
50 g Crème fraîche

Für die Tomaten-Marmelade:
1 kleine Zwiebel
400 g gelbe Tomaten
1 EL Olivenöl
3 EL brauner Zucker
1 Topf Basilikum
Salz
Pfeffer

Zubereitungszeit: 45 Minuten

TOMATEN-MARMELADE:

Schäle die Zwiebel und schneide sie in grobe Würfel. Wasche die Tomaten und viertele sie.

Erhitze nun das Öl in einem Topf und dünste die Zwiebelwürfel darin an.

Gib den Zucker dazu, wenn sie leicht glasig sind, und lass ihn karamellisieren.

Füge dann die Tomaten hinzu und verrühre alles gut, damit der Karamell nicht am Boden kleben bleibt.

Lass das Ganze 15 Minuten köcheln und rühre dabei immer wieder einmal um.

Nimm den Topf vom Herd und lass die Masse abkühlen. Wasche in der Zwischenzeit die Basilikumzweige und hacke sie grob.

Gib das Basilikum in die kalte Tomatenmasse und püriere sie mit dem Pürierstab.

Schmecke zum Schluss mit Salz und Pfeffer ab. ▶

WAFFELN:
Wasche die Zucchini, schäle die Zwiebel und rasple beides.
Reibe auch den Parmesan, vermische alles miteinander und würze kräftig mit Salz und Pfeffer.
Rühre die weiche Butter ca. 3 Minuten lang schaumig.
Trenne die Eier.
Gib das Eigelb nach und nach zur Butter und rühre es gut unter.
Rühre das mit Backpulver vermischte Mehl und die Milch abwechselnd unter die Butter-Ei-Masse.
Drücke die Zucchini-Raspeln mit der Hand aus und rühre sie ebenfalls unter.
Gib nun die Crème fraîche dazu und verrühre alles.
Schlage das Eiweiß steif und hebe es vorsichtig unter die Masse.
Backe danach die Waffeln im Waffeleisen 5 Minuten auf höchster Stufe aus.
Bestreiche die Waffeln zum Schluss mit der Tomaten-Marmelade und serviere sie anschließend.

KARTOFFEL-KÄSE-WAFFELN MIT AVOCADO-BASILIKUM-DIP

Kennt ihr das, wenn die Konsistenz, der Geschmack und das Aussehen bei einem Gericht einfach stimmen? Genau das trifft hier zu! Knuspriger Kartoffelbrei trifft auf herzhafte Waffeln und werden abgerundet mit einem superfrischen Dip! Egal, ob Sommer oder Winter, diese Waffeln gehen wirklich immer!

ZUTATEN FÜR 4 PORTIONEN:

Für die Waffeln:

240 g Kartoffeln, gekocht und gestampft
2 EL weiche Butter
2 Eier
60 ml Milch
55 g gemahlene Mandeln
50 g rote Paprika, gewürfelt
3 getrocknete Tomaten, kleingeschnitten
50 g geriebener Gouda
2 gehackte Basilikumblätter
Salz
Pfeffer

Für den Dip:

½ weiche Avocado
5 Basilikumblätter
5 EL Wasser
2 EL Olivenöl
2 EL Joghurt
1 Limette (etwas Saft)
Salz
Pfeffer

Zubereitungszeit: 20 Minuten

Verrühre für den Teig alle Zutaten in einer großen Schüssel mit einem Holzlöffel zu einem glatten Teig. Füge noch etwas Milch hinzu, falls der Teig zu dickflüssig ist.
Fülle mit einer Kelle den Teig ins Waffeleisen und backe die Waffeln knusprig braun aus.
Bereite währenddessen den Dip zu. Gib dazu alle Zutaten in ein hohes Gefäß und mixe sie mit einem Pürierstab kurz durch, bis eine gleichmäßige Masse entstanden ist.
Löse die Waffeln aus dem Waffeleisen und serviere sie noch warm mit dem Dip.

CRISPYROB-TIPP:
Die Waffeln schmecken auch mit Süßkartoffeln sehr gut.

WIE SCHÄLE UND ENTKERNE ICH EINE AVOCADO RICHTIG?

Auf diese Frage gibt es viele Antworten. Jeder hat da so seine eigene Methode oder gar einen Geheimtipp. Ich stelle dir mal zwei Varianten vor. Was aber unstrittig ist: Bei der Entfernung des Kerns mit einem Messer sind schon manch hässliche Küchenunfälle passiert. Also pass bitte auf, wenn du Variante 2 wählst!

1

Schneide die Avocado der Länge nach und um den harten Kern herum auf. Drehe beide Hälften in entgegengesetzter Richtung, damit du sie auseinanderbekommst. Jetzt hast du eine Hälfte mit Kern und eine ohne.

2

Die Sicherheitsvariante: Entferne den Kern mit einem Löffel. Schiebe dazu den Löffel unter den Kern, lockere den Kern und hebe ihn mit dem Löffel heraus.
Die Risikovariante: Stich mit einem langen, spitzen Messer in den Kern und entferne ihn mit einer kurzen Drehung.

3

Ist der Kern einmal entfernt, kannst du mit einem Löffel das Fruchtfleisch vorsichtig herauslösen. Fahre dabei mit einem Löffel zwischen der Schale und dem dunkelgrünen Teil des Fruchtfleischs die Frucht entlang und hebe das Fleisch heraus.

Je näher du unter der Schale bist, desto mehr erhältst du von dem besonders gesunden Teil der Avocado.

Wenn du die Avocado nicht am Stück brauchst, kannst du das Fleisch in den Hälften auch längs und quer einschneiden, so dass kleine Würfel entstehen. Drück dann die Schale nach innen und löse die Würfel von der Schale.

EINEN EXTRATIPP GIBT'S NOCH OBENDRAUF:
Ist eine Avocado noch nicht reif, kannst du den Reifeprozess beschleunigen, indem du sie in einer braunen Papiertüte für zwei bis fünf Tage bei Raumtemperatur aufbewahrst.

MAC'N'CHEESE-TORTILLAS

ZUTATEN FÜR 1 PORTION:
80 g Makkaroni
80 ml Wasser
50 g Frischkäse
2–3 EL Milch
50 g geriebener Cheddar
2 Tortilla-Fladen
½ TL Salz
1 TL Pfeffer

Zubereitungszeit: 15 Minuten

Koche die Makkaroni in einer Tasse mit Wasser in der Mikrowelle für 4 Minuten bei höchster Stufe.
Vermenge die heißen Makkaroni mit dem Frischkäse, der Milch und dem Cheddar.
Würze die Makkaroni mit Salz und Pfeffer.
Lege einen der Tortilla-Fladen auf das Waffeleisen.
Verteile die Makkaroni auf dem Tortilla-Fladen und decke sie mit dem zweiten Fladen ab.
Lass das Ganze nun für 3 Minuten backen.

CRISPYROB-TIPPS:
1. Kaufe Tortilla-Fladen, die von der Größe her gut auf dein Waffeleisen passen. Andernfalls musst du sie vielleicht zurechtschneiden.
2. Ich habe Chilisoße und Schmand dazu gegessen. Das war GUUUUUUT.

»Ich liebe einfach Käse!«

REIBEKUCHEN-WAFFELN MIT APFEL UND KAROTTE

Wenn es etwas gibt, was für mich hundertprozentig nach Winter und Weihnachten schmeckt, dann diese Reibekuchen! Es gibt nichts Schöneres, als im Winter mit einem heißen Kakao über den Weihnachtsmarkt zu schlendern und sich einen Reibekuchen zu holen. Dieses Rezept ist die perfekte Alternative, wenn es draußen mal zu stürmisch ist und man trotzdem seinen heiß geliebten Reibekuchen haben möchte.

ZUTATEN FÜR 4 PORTIONEN:
125 g Karotten
125 g Boskop-Äpfel
500 g Kartoffelteig für Reibekuchen
Apfelmus nach Belieben

Zubereitungszeit: 20 Minuten

Schäle die Karotten und die entkernten Äpfel. Reibe die Karotten und die Äpfel grob und mische sie unter den fertigen Reibekuchenteig. Gib zwei gehäufte Esslöffel Teig auf das Waffeleisen und backe die Kartoffelwaffeln. Serviere sie mit Apfelmus.

CRISPYROB-TIPP:
Dieses Gericht ist sehr kalorienarm und man braucht wirklich nur sehr wenig Öl. Versprochen.

»So könnt ihr euch wenigstens 'ne süße warme oder 'ne süße salzige Mahlzeit machen.«

APFELSTRUDEL-WAFFELN

ZUTATEN FÜR 10 PORTIONEN:
3 TL Apfel-/Früchtetee
125 ml Wasser
180 g Butter
100 g Zucker
1 Päckchen Vanillezucker
4 Eier
300 g Mehl
¼ TL Natron
2 große Äpfel
Puderzucker oder Schlagsahne mit Amarettini nach Belieben

Zubereitungszeit: 20 Minuten

Gieße den Tee mit 125 ml kochendem Wasser auf und lass ihn 10 Minuten ziehen.
Schlage in der Zwischenzeit die Butter mit dem Zucker und dem Vanillezucker schaumig.
Rühre die Eier nacheinander unter.
Mische das Mehl mit dem Natron und hebe die Mischung portionsweise unter.
Schäle nun die Äpfel und rasple sie.
Gieße den Tee durch ein Sieb ab und rühre ihn zusammen mit den Äpfeln unter den Teig.
Gib den Waffelteig portionsweise in das Waffeleisen und backe die Waffeln aus.
Bestäube sie wahlweise mit Puderzucker oder serviere sie mit etwas Schlagsahne und zerbröselten Amarettini.

CRISPYROB-TIPP:
Die Waffeln schmecken warm natürlich richtig krass, aber auch kalt sind sie ein Genuss! Dazu noch eine Tasse Tee und der Nachmittag ist perfekt!

SCHOKOWAFFELN

ZUTATEN FÜR 8 PORTIONEN:
260 g Mehl
40 g Backkakao
80 g brauner Zucker
2 TL Backpulver
1 TL Natron
½ TL Salz
3 Eier
380 ml Buttermilch
30 ml Öl
1 TL Vanilleextrakt
80 g Schokotropfen oder gehackte Zartbitterschokolade
200 g Frischkäse
3–4 EL Ahornsirup

Zubereitungszeit: 20 Minuten

Mische das Mehl, den Kakao, den Zucker, das Backpulver, das Natron und das Salz in einer Schüssel und drücke eine Mulde in die Mitte.
Trenne die Eier und schlage das Eiweiß steif.
Gib das Eigelb, die Buttermilch, das Öl und den Vanilleextrakt in die Mulde und verrühre alles vorsichtig ein wenig mit einer Gabel.
Verarbeite danach die Masse mit dem Handrührgerät zu einem glatten Teig.
Hebe den Eischnee und die Schokotropfen vorsichtig unter.
Backe nun die Waffeln leicht knusprig aus.
Verrühre währenddessen den Frischkäse locker mit dem Ahornsirup und verteile die Mischung auf den noch warmen Waffeln.

CRISPYROB-TIPP:
Serviere sie warm und mit Schokotropfen bestreut!

WIE TRENNE ICH EIER UND WIE SCHLAGE ICH EIWEISS RICHTIG?

Du fragst dich jetzt vielleicht, warum du Eier überhaupt trennen sollst. Aber wenn du z. B. einen herrlich lockeren Biskuitkuchen haben möchtest, brauchst du steifen Eischnee. Und den wiederum bekommst du nur, wenn du das Eigelb vom Eiklar trennst. Zwei Methoden stelle ich dir vor:

1

Klassisch: Schlage das Ei vorsichtig an einer harten Kante über einer Schüssel auf, so dass du zwei Eierschalenhälften erhältst. Nun lässt du das Eigelb von der einen Schalenhälfte vorsichtig in die andere Hälfte gleiten. Dabei flutscht das dabei verdrängte Eiklar in die Schüssel. Wiederhole das Ganze, bis das (meiste) Eiklar in der Schüssel und das Eigelb in einer Schalenhälfte ist.

2

Unkonventionell: Bei dieser Methode solltest du dir vorher die Hände sehr, sehr gründlich waschen. Denn hier schlägst du das Ei zwar ebenfalls vorsichtig an einer harten Kante über einer Schüssel auf, lässt es dann aber in deine Hand gleiten. Das Eiklar läuft zwischen deinen Fingern hindurch in die Schüssel und das Eigelb bleibt in der Hand. Diese Methode ist für alle, die gern mit vollem Körpereinsatz kochen.

Wenn du nun das Eiklar erfolgreich vom Eigelb getrennt hast, ist es an der Zeit, den Eischnee zu schlagen. Damit das gelingt, gibt es eigentlich nur eine Regel zu beachten, und die lautet: absolute Sauberkeit und Fettfreiheit. Das heißt: Du musst penibel darauf achten, dass nicht das Geringste vom Eigelb in das Eiklar hineingekommen ist und dass die Schüssel und die Rührstäbe des Handrührgeräts absolut fettfrei sind. Dann kann eigentlich nichts mehr schiefgehen. Schlage das Eiklar für einige Minuten auf der höchsten Stufe des Handrührgeräts, bis es sich weiß verfärbt und steif wird. Es ist steif genug, wenn sich die Lücke nach dem Herausziehen der Rührstäbe nicht wieder auffüllt. Schlägst du den Eischnee zu lange, trennt sich der flüssige Teil vom festen – und du kannst mit neuen Eiern von vorn anfangen.
Die Mutigen unter euch halten sich zur Prüfung der richtigen Konsistenz die Schüssel über den Kopf. Erfolg und Misserfolg dieser Prüfung verstehen sich vermutlich von selbst …

ERDNUSSBUTTER-WAFFELSNACK

Erdnussbutter und ich haben eine ganz besondere Beziehung zueinander. :D Ich habe mein Leben lang amerikanische Filme und Serien geschaut und dort ständig gesehen, wie die Kids Erdnussbutter-Sandwiches gegessen haben. Aber ich habe tatsächlich erst mit 18 Jahren das erste Mal Erdnussbutter gegessen und war direkt schockverliebt! Seitdem esse ich bis heute noch mindestens einmal die Woche Erdnussbutter und würde niemals drauf verzichten! Deswegen ist hier mein absolutes Lieblingsrezept mit Erdnussbutter!

ZUTATEN FÜR 2 PORTIONEN:

1 Ei
50 g Zucker
80 g Erdnussbutter
30 g weiche Butter
100 ml Milch
120 g Mehl
1 TL Backpulver

Zubereitungszeit: 15 Minuten

Schlage das Ei mit dem Zucker schaumig. Rühre die Erdnussbutter, die Butter und die Milch unter.

Mische das Mehl mit dem Backpulver und rühre es ebenfalls unter.

Fülle den Teig in einen Spritzbeutel mit einer großen runden Tülle.

Gib mit dem Spritzbeutel zügig walnussgroße Teigklekse auf das Eisen. Am besten jeweils in die Mitte eines Musters.

Backe die Waffelhappen nacheinander für eine knappe Minute und löse sie vorsichtig mit einem Pfannenwender aus der Form.

CRISPYROB-TIPP:
Wenn du es lieber knuspriger magst, kannst du hier auch gerne die Erdnussbutter mit Stückchen nehmen. :)

CHURRO-SNACK

Neben dem Jahrmarkt war ich als Kind auch häufig im Freizeitpark bei mir um die Ecke. Dort gab es wie üblich – und, ja, meine Eltern haben mich oft mit Süßem bestochen :D – etwas Süßes für den Weg nach Hause. Natürlich waren es hier Churros! Es gibt nichts Geileres als frittierter Teig! Dann noch mit geschmolzener Schokolade und ich bin kaum noch zu halten! Das war schon damals so und hat sich auch heute nicht geändert.

ZUTATEN FÜR 4 PORTIONEN:
60 g Butter
2 EL Zucker
½ TL Salz
250 ml Wasser
135 g Mehl
1 Ei
1 EL Zimt
4 EL Zucker
Schokoladensoße nach Belieben

Zubereitungszeit: 30 Minuten

Bringe die Butter, den Zucker, das Salz und das Wasser in einem Topf zum Köcheln und rühre so lange um, bis sich der Zucker aufgelöst hat.
Füge anschließend das Mehl hinzu und verrühre alles zu einem glatten Teig, so dass keine Mehlreste am Topfboden kleben bleiben.
Gib den Teig in eine Schüssel, lass ihn leicht abkühlen und rühre das Ei mit einem Handrührgerät unter.
Fülle je einen Teelöffel Teig in die Herzformen des Waffeleisens und backe die Churros goldbraun aus.
Mische den Zucker und den Zimt und wälze die frisch gebackenen Waffeln sofort darin.
Wer mag, kann sie noch mit Schokoladensoße servieren.

CRISPYROB-TIPP:
Eignet sich für jede Mahlzeit und zu jeder Tageszeit – Frühstück, Pausenbrot, Mittag, Mitternachtssnack! Einfach immer lecker!

ERDBEER-WAFFELN

ZUTATEN FÜR 4 PORTIONEN:
300 g Erdbeeren, frisch oder TK
1 EL Zucker
200 g Mehl
1 TL Backpulver
2 Eier
½ l Buttermilch
etwas Vanilleeis oder geschlagene Sahne

Zubereitungszeit: 25 Minuten

Wasche, putze und schneide die frischen Erdbeeren in Viertel oder taue die tiefgefrorenen nach Packungsanleitung auf.
Gib die Hälfte der Erdbeeren in einen Topf.
Lass sie zusammen mit dem Zucker bei schwacher Hitze etwa 10 Minuten kochen. Zerdrücke dabei die Früchte mit einer Gabel, so dass eine Art Mus entsteht.
Vermische das Mehl und das Backpulver in einer Schüssel.
Schlage die Eier nacheinander hinein und gib die Buttermilch hinzu.
Verrühre alles mit dem Schneebesen des Handrührgerätes zu einem glatten Teig.
Backe nacheinander die Waffeln. Fülle dafür jeweils etwas Teig in das Waffeleisen und backe jede Waffel etwa 5 Minuten goldbraun aus.
Lege die gebackenen Waffeln auf einen Rost und halte sie im Backofen warm, bis der Teig aufgebraucht ist und alle Waffeln fertiggebacken sind.
Serviere jeweils eine Waffel zusammen mit einer Kugel Eis oder einem Tupfer Schlagsahne. Garniere mit den restlichen Erdbeeren und dem Erdbeermus.

REZEPTE FÜR DEN
BACKOFEN

Als Küchenneuling habe ich mich oft gefragt, warum in den meisten Rezepten steht, dass man den Backofen vorheizen soll. Mittlerweile kenne ich den Grund: Jeder Ofen braucht unterschiedlich lang, bis er sich auf eine bestimmte Temperatur erhitzt hat. Ohne Vorheizen kann keine genaue Garzeit in einem Rezept angegeben werden. Erst wenn die richtige Temperatur erreicht ist, ist die Garzeit bei allen Öfen gleich.

WEITAUS SPANNENDER IST ABER EIN ANDERER GRUND FÜRS VORHEIZEN:

Damit deine Pizza oder dein Braten schön knusprig wird, solltest du den Ofen vorheizen. Andernfalls erhitzen sie sich langsam und du kannst einen knusprigen Rand oder eine Kruste vergessen. Und wer mag schon Pizza ohne Knusperrand?

Fast alle Backöfen haben heutzutage Ober- und Unterhitze und eine Umluft- und Grillfunktion. Mit Ober- und Unterhitze kannst du praktisch nichts verkehrt machen. Sie eignet sich für fast alle Speisen. Du solltest aber darauf achten, dass nur ein Blech im Ofen ist. Wenn du gleich mehrere Bleche gleichzeitig im Ofen hast, solltest du Umluft verwenden. Dann gelangt die heiße Luft auch zwischen die Bleche und alles wird gleichmäßig gebacken bzw. gegart. Die Grillfunktion ist genial zum Überbacken von Gerichten mit – ja, richtig – wahnsinnig viel Käse!

HOTDOG-FONDUE

Das perfekte Gericht für Samstagabend! Egal ob Party oder Chill-Abend mit Freunden, dieses Rezept ist perfekt dafür! Ich habe dieses Rezept bereits einmal auf YouTube gekocht und muss sagen, das ist wohl das am meisten nachgekochte Rezept ever! Es gibt keinen Samstag, an dem mir nicht jemand ein Foto per Instagram schickt von seinem Hotdog-Fondue. Ich liebe das! Es gibt für mich nichts Geileres, als wenn ihr Leute da draußen kocht und Spaß dabei habt! Am meisten freue ich mich darüber, dass ihr es mit Freunden zusammen oder für Freunde macht. Kochen verbindet und ist mehr als nur eine Notwendigkeit. :)

ZUTATEN FÜR 4 PORTIONEN:
1 runder Ofenkäse (z. B. Camembert)
1 Knoblauchzehe
etwas Schnittlauch
2 Portionen Blätterteig
8 Würstchen
1 Eigelb
1 EL Sesam

Zubereitungszeit: 30 Minuten

Schneide die Oberseite vom Ofenkäse ab.
Fülle den Käse mit dem kleingeschnittenen Knoblauch und Schnittlauch und schließe ihn wieder.
Klebe die beiden Portionen Blätterteig leicht überlappend aneinander und schneide den gesamten Blätterteig zu einem Quadrat.
Lege den Käse mittig auf den Blätterteig.
Platziere vier der Würstchen rundherum am Rand des Blätterteigs und rolle sie bis zum Käse in dem Teig ein.
Schneide die eingerollten Würstchen im Teig in jeweils ca. 2,5 cm breite Stücke und drehe sie gegen den Uhrzeigersinn mit dem Teig nach innen, so dass das Ende nach außen guckt.
Rolle die restlichen Würstchen in den übrigen Blätterteig ein, schneide sie ebenfalls in 2,5 cm breite Stücke und lege sie um den Käse herum auf die anderen Würstchenstücke.
Bestreiche dein Kunstwerk mit Eigelb und verteile Sesam darauf.
Backe es bei 180 °C für 25 Minuten.

CARBONARA-BÄLLCHEN

Käse und Fleisch! Es gibt wohl kaum eine geilere Kombination als Käse und Fleisch! Wenn es um Carbonara geht, macht mir keiner was vor. Egal ob auf dem Sandwich, zu Nudeln oder wie hier in Bällchenform ich liebe einfach Carbonara!

ZUTATEN FÜR 4 PORTIONEN:

Für die Füllung:
1 Zwiebel
2 Knoblauchzehen
300 ml Sahne
50 g Parmesan
100 g Speck
3 Eigelb
1 EL Petersilie
Salz
Pfeffer

Für den Teig:
½ Würfel (ca. 20 g) Hefe
300 ml Wasser
1 TL Zucker
500 g Weizenmehl
(Type 00 oder 550)
1 TL Salz
2 EL Olivenöl

Zum Bestreichen:
1 Ei
50 g geriebener Emmentaler
Salz
Pfeffer

Zubereitungszeit: 60 Minuten

FÜLLUNG:
Hacke die Zwiebeln und den Knoblauch klein und verrühre sie mit der Sahne, dem Käse, dem Speck, dem Eigelb und der Petersilie.
Würze alles mit Salz und Pfeffer.
Gib die Carbonara-Soße in eine Eiswürfelform und stelle sie für 3 Stunden ins Gefrierfach.

TEIG:
Bröckle die Hefe für den Pizzateig in 300 ml lauwarmes Wasser und löse sie mit dem Zucker unter Rühren darin auf.
Gib das Mehl in eine Schüssel und drücke in die Mitte eine Mulde.
Gieße das Hefewasser in die Mulde und verrühre es mit etwas Mehl vom Rand zu einem Vorteig.
Lass diesen zugedeckt an einem warmen Ort ca. 30 Minuten gehen.

Wenn der Vorteig gegangen ist, rühre das Salz und das Olivenöl unter den Pizzateig.
Knete den Pizzateig mit bemehlten Händen ca. 5 Minuten durch, bis er glatt und geschmeidig ist. Ist der Teig zu fest, gib noch etwas lauwarmes Wasser dazu. Ist er zu weich und klebrig, knete noch etwas Mehl unter den Pizzateig. ▶

Forme den Teig nach dem Kneten zu einer Kugel und lass ihn zugedeckt an einem warmen Ort nochmals ca. 30 Minuten gehen. Dabei sollte der Hefeteig sein Volumen in etwa verdoppeln.

Knete den Teig nach dem Gehen noch einmal ca. 10 Minuten kräftig durch.
Unterteile den Teig dann in mehrere ca. 20 Gramm schwere Stücke.
Jetzt kannst du die gefrorenen Carbonara-Stücke mit Teig ummanteln.
Verteile die Carbonara-Bällchen danach auf einem Blech.
Verquirle das Ei mit einer Prise Salz und Pfeffer und bestreiche damit die Bällchen.
Reibe zum Schluss den Emmentaler darüber.
Backe sie für 30 Minuten bei 200 °C im Ofen.

CRISPYROB-TIPP:
Wartet lieber etwas länger und achtet darauf, dass die Füllung richtig gefroren ist. Dann geht es alles viel einfacher. :)

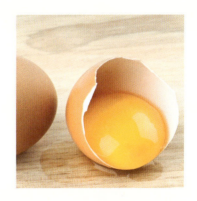

INSTANTNUDELN-LASAGNE

Ich war schon immer Fan davon, normale Zutaten »zweckzuentfremden«; so auch Instantnudeln. Kennt ihr die kleinen Tüten, die man früher sogar am Kiosk um die Ecke bekommen hat? Die die Kids einfach so trocken nach der Schule auf dem Weg zum Bus gegessen haben? Genau die meine ich, und ich war genau eines dieser Kids! Die Liebe zu Instantnudeln ist bis heute geblieben, aber trocken und mal kurz nebenbei gibt es sie eher weniger. Heute probiere ich viel mit ihnen herum und so auch bei dieser Lasagne. Dieses Rezept ist besonders toll für alle, die Lust auf etwas Deftiges haben, aber nicht unbedingt superviel Zeit beim Kochen verlieren wollen!

ZUTATEN FÜR 3 PORTIONEN:
200 ml Wasser
200 ml Schlagsahne
500 ml passierte Tomaten
frische Kräuter
1 TL Salz
1 TL Pfeffer
3 Packungen Instantnudeln (›Ramen‹-Nudeln)
100 g Cheddar-Scheiben
200 g geriebener Parmesan

Zubereitungszeit: 20 Minuten

Heize den Ofen auf 180 °C vor.
Vermische das Wasser mit der Schlagsahne, den passierten Tomaten, den Kräutern und würze mit Salz und Pfeffer.
Lege die Hälfte der Instantnudeln in eine Auflaufform und gieße etwa die Hälfte der Soße darüber.
Lege dann die Cheddar-Scheiben über die Soße und gib die restlichen Nudeln als zweite Schicht darüber.
Gieße die restliche Soße über die Nudeln, so dass diese komplett bedeckt sind.
Streue nun den Parmesan über die Lasagne und backe sie für 25 Minuten im Ofen, bis der Käse goldbraun ist.

»Supereinfach, supergünstig, superlecker!«

SÜSSKARTOFFEL-FRÜHSTÜCKSBOOT

ZUTATEN FÜR 4 PORTIONEN:

Für die Süßkartoffeln:
- 2 große Süßkartoffeln
- 4 Eier
- 50 g Cheddar
- Salz
- Pfeffer

Für die Füllung:
- 2 Cherry-Tomaten
- etwas frischer Spinat
- 3 Brokkoli-Röschen
- ¼ gelbe Paprika
- ½ Zwiebel
- 1 EL Naturjoghurt

Außerdem:
- 1 Avocado nach Belieben

Zubereitungszeit: 25 Minuten

Heize den Ofen auf 200 °C Umluft vor.
Stich mit einer Gabel kleine Löcher in die Süßkartoffeln und gare sie für 7 Minuten bei mittlerer Hitze in der Mikrowelle, bis sie weich geworden sind.
Schneide die Süßkartoffeln jeweils in zwei Hälften und kratze mit einem Löffel das Innere aus den Süßkartoffeln heraus, bis du eine Art Boot hast.

FÜLLUNG:
Nimm das Innere der Süßkartoffeln und gib es in eine Schüssel.
Schneide die Cherry-Tomaten, den Spinat, den Brokkoli, die Paprika und die Zwiebel in kleine Stücke und vermische sie mit dem Inneren der Süßkartoffeln.
Füge den Joghurt hinzu und würze die Füllung mit Salz und Pfeffer.
Lege die Süßkartoffel-Boote auf ein Stück Backpapier und schlage jeweils ein Ei in jede Hälfte.
Verteile anschließend die Füllung auf den Süßkartoffel-Booten.
Streue nun den Cheddar oben darüber.
Gib das Ganze für 8 bis 12 Minuten in den Ofen, bis die Eier gar sind.
Du kannst die Süßkartoffel-Boote zum Schluss mit Avocado-Streifen anrichten.

»Ey, gab's das schon mal?«

BAKED CHEESEBURGER

ZUTATEN FÜR 4 PORTIONEN:

1 Zwiebel
2 Knoblauchzehen
1 kg Rinderhack
1 TL Salz
1 TL Pfeffer
4 Streifen Cheddar
4 Portionen Blätterteig
20 Streifen Bacon
16 Scheiben Cheddar
1 Ei
Sesam

Zubereitungszeit: 30 Minuten

Würfle die Zwiebel und den Knoblauch sehr fein. Gib das Hackfleisch in eine große Schüssel und vermische es mit der Zwiebel, dem Knoblauch, dem Salz und dem Pfeffer.
Forme jeweils ein Achtel des Hackfleischs zu einem Viereck, platziere einen Streifen Cheddar in die Mitte und umschließe diesen mit einem weiteren Achtel Hackfleisch.
Lege mittig auf eine Portion Blätterteig jeweils 5 Streifen Bacon und darauf 4 Scheiben Cheddar, und bestreiche den Rand mit verquirltem Ei.
Ummantle eine Fleisch-Käse-Portion mit der so vorbereiteten Blätterteigportion und forme das Ganze zu einer flachen Kugel.
Gib die Cheeseburger-Kugeln auf ein Backblech, bestreiche sie mit verquirltem Ei und bestreue sie mit Sesam.
Backe sie anschließend für 15 Minuten bei 200 °C.

»Es gibt kein ›zu viel Käse‹!«

WIE SCHNEIDE ICH EINE ZWIEBEL?

WENN DU EINE ZWIEBEL WÜRFELN MÖCHTEST, GEHST DU AM BESTEN SO VOR:

1
Schäle zunächst die Zwiebel und halbiere sie längs von der Wurzel zur Spitze.
Aber Achtung: Die Wurzel bleibt drin!

2
Lege eine Hälfte mit der Schnittfläche nach unten auf ein Holzbrettchen und schneide sie längs bis zur Wurzel in Streifen.
Nochmals Achtung: Nicht ganz durchschneiden, damit die Wurzel die Streifen zusammenhält.

3
Schneide nun die Zwiebel ein paarmal quer bis zur Wurzel ein. Je mehr Schnitte du machst, desto feiner werden die Würfel.

4
Zuletzt musst du die Zwiebel nur noch quer zur Faser schneiden. Auch hier gilt: Je mehr Schnitte, desto feiner die Würfel!

UND JETZT KOMMEN NOCH EIN PAAR ULTIMATIVE ROBYCRISP-SPEZIAL-TIPPS ZUM TRÄNENLOSEN ZWIEBELSCHNEIDEN:

1

Setze eine Taucherbrille auf. Sieht zwar bescheuert aus, hilft aber! Da tränt kein Auge mehr!

2

Wasser, Wasser und nochmals Wasser: Schäle die Zwiebel unter fließendem, kaltem Wasser und befeuchte das Holzbrettchen mit Wasser. Hilft nicht ganz so gut, aber du siehst sexy dabei aus.

3

Atme nur durch den Mund. Sobald die Nase ins Spiel kommt, kullern wieder die Tränen …

4

Schneide die Zwiebel am geöffneten Fenster oder schalte die Dunstabzugshaube ein. Dann können die reizenden Gase schneller abziehen und das Auge bleibt trocken.

FLADENBROT-GYROSPIZZA

ZUTATEN FÜR 4 PORTIONEN:
2 Zwiebeln
800 g Gyrosfleisch (Frischetheke)
1 Fladenbrot (ca. 500 g)
1 Packung (à 370 g) Tomatensoße mit Kräutern
50 g Gouda am Stück
50 g Feta
50 g Rucola

Zubereitungszeit: 30 Minuten

Heize den Ofen vor (E-Herd: 200 °C / Umluft: 175 °C / Gas: s. Hersteller). Schäle die Zwiebeln und schneide sie in Streifen. Erhitze eine große Pfanne ohne Fett und brate darin das Fleisch und die Zwiebeln unter mehrfachem Wenden für 5 bis 8 Minuten. Schneide das Fladenbrot waagerecht durch und lege es auf ein mit Backpapier ausgelegtes Backblech.
Verteile zuerst die Soße, dann das Fleisch auf dem Brot.
Reibe nun den Gouda darüber und bröckle den Feta darauf.
Während die Pizza im heißen Ofen für ca. 15 Minuten bäckt, kannst du den Rucola waschen und trockenschütteln.
Richte zum Schluss die fertige Pizza mit dem Rucola an.

CRISPYROB-TIPP:
Wenn es dir zu viel Fladenbrot ist, kannst du das Brot auch halbieren und du nimmst nur die untere Hälfte. Die obere Hälfte kannst du dann später mit Zaziki essen.

ERDBEER-TÖRTCHEN

ZUTATEN FÜR 2 PORTIONEN:
250 g Frischkäse
50 g Zucker
½ TL Vanillearoma
1 Portion Blätterteig
9 große Erdbeeren
Puderzucker

Zubereitungszeit: 30 Minuten

Verrühre den Frischkäse, den Zucker und die Vanille zu einer Creme.
Schneide jeweils ein weiteres Quadrat mit einem Abstand von etwa 1,5 cm von den Rändern in die Mitte der 9 Quadrate.
Es soll so aussehen, als wäre es ein quadratisches Bild mit einem Rahmen darum herum. Die linke obere Ecke und die rechte untere Ecke des inneren Quadrates dürfen dabei nicht ganz eingeschnitten werden. Lege nun eines der Quadrate vor dich und nimm die linke untere Ecke des Rahmens und falte sie auf die obere rechte Ecke des Bildes. Nimm danach die obere rechte Ecke des Rahmens und falte diese auf die untere linke Ecke des Bildes.
Gib etwas von der Creme in die Mitte und setze Erdbeeren darauf.
Backe anschließend die Törtchen für 15 bis 20 Minuten bei 200 °C.
Bestreue sie vor dem Servieren mit Puderzucker.

»Du bist ein Künstler!«

SCHOKOCROISSANTS

Keiner sagt Nein zu Schokocroissants! Vor allem, wenn sie gerade frisch aus dem Ofen kommen! Dieses Rezept ist mein absolutes Nummer-1-WG-/Partner-/-Familien-Rezept für den Sonntag. Egal, ob du deinen WG-Mitbewohner mit dem süßen Duft der Hörnchen aus dem Zimmer locken, deinen Partner mit einem Frühstück im Bett überraschen oder für deine Familie und Freunde einen leckeren Frühstücks-Snack machen willst: Diese Schokocroissants sind perfekt!
PS: Meinen Mitbewohner Falco habe ich damit schon aus dem ein oder anderen komatösen Schlaf geholt. Es funktioniert wirklich! :D

ZUTATEN FÜR 4 PORTIONEN:
375 g Mehl
1 Päckchen Hefe (Trockenhefe)
½ TL Salz
Schale einer ½ Zitrone
50 g Zucker
75 g weiche Butter
175 ml Milch
Nutella, zum Füllen der Hörnchen
1 Ei, verquirlt
Zucker zum Bestreichen

Zubereitungszeit: 30 Minuten

Siebe das Mehl in eine Schüssel und vermische es mit der Hefe, dem Salz, der Zitronenschale und dem Zucker.

Gib die weiche Butter in Stücken dazu.

Verknete alles nun mit so viel Milch, dass ein glatter Teig entsteht, der sich vom Schüsselrand lösen sollte.

Decke den Teig mit einem feuchten Küchentuch ab. Fülle eine größere Schüssel mit warmem Wasser und stelle die Schüssel mit dem Hefeteig hinein. Lass den Teig nun etwa 1 Stunde gehen.

Belege inzwischen ein Blech mit Backpapier.

Knete den Teig nach dem Gehen auf einer leicht bemehlten Arbeitsfläche nochmals durch, rolle ihn etwa 1 cm dick aus und schneide etwa 12 gleich große Dreiecke aus.

Gib auf jedes Dreieck jeweils etwa 1 Teelöffel Nutella und rolle es auf.

Lege die Hörnchen mit reichlich Abstand auf das Blech, bepinsle sie mit etwas verquirltem Ei und streue etwas Zucker darauf.

Heize den Ofen auf 200 °C auf, während die Croissants 15 Minuten ruhen.

Backe dann die Hörnchen für etwa 10 bis 15 Minuten goldgelb.

BLITZ-ZITRONENKUCHEN

So perfekt wie die Reibekuchen für den Winter sind, so perfekt ist dieser Kuchen für den Sommer! Es gibt nichts Erfrischenderes als diesen Blitz-Zitronenkuchen und dazu eine kalte Zitronenlimonade.

ZUTATEN FÜR 8 PORTIONEN:
2 Bio-Zitronen
400 g weiche Butter
450 g Zucker
1 Päckchen Vanillezucker
1 Prise Salz
8 Eier (Größe M)
600 g Mehl
1½ Päckchen Backpulver
150 g Crème fraîche
50 ml Milch
150 ml Wasser

Zubereitungszeit: 40 Minuten

CRISPYROB-TIPP:
Wenn du es noch zitroniger magst, dann füge noch etwas Zitronenaroma hinzu.

Fette zunächst ein tiefes Backblech (ca. 32 x 39 cm) ein und stäube es mit Mehl aus.

Spüle die Zitronen heiß ab und tupfe sie trocken. Reibe dann von einer Zitrone die Schale fein ab, halbiere sie und presse sie aus.

Heize den Backofen vor (E-Herd: 175 °C / Umluft: 150 °C / Gas: s. Hersteller).

Vermenge für den Teig die Butter, 350 g vom Zucker, den Vanillezucker und 1 Prise Salz mit dem Handrührgerät.

Füge die Zitronenschale und nach und nach die Eier hinzu.

Rühre das mit dem Backpulver vermischte Mehl im Wechsel mit der Crème fraîche unter die Butter-Ei-Masse.

Füge so viel Milch hinzu, bis der Teig schwer und breit vom Löffel fällt.

Streiche den Teig auf das Backblech und backe ihn für 25 Minuten im vorgeheizten Ofen.

Schneide inzwischen die zweite Zitrone in dünne Scheiben.

Koche die restlichen 100 g Zucker, den Zitronensaft, die Zitronenscheiben und das Wasser auf.

Lass das Ganze 2 bis 3 Minuten köcheln und stelle es dann beiseite.

Nimm den Kuchen aus dem Ofen und beträufle ihn sofort mit der Hälfte des Sirups.

Lass den Sirup einziehen und beträufle den Kuchen dann mit dem restlichen Sirup.

Verteile die Zitronenscheiben auf dem Kuchen und lass ihn vollständig auskühlen.

QUARKAUFLAUF

ZUTATEN FÜR 5 PORTIONEN:

750 g Quark
160 g Butter
160 g Mehl
200 g Zucker
4 Eier
2 Prisen Salz

Zubereitungszeit: 10 Minuten

Gib alle Zutaten in eine Rührschüssel und verrühre sie mit dem Handrührgerät zu einer glatten Masse.
Fülle die Quarkmasse in eine gebutterte Auflaufform ein und backe sie im vorgeheizten Backofen bei 175 °C ca. 30 bis 45 Minuten. Der Quarkauflauf ist fertig, wenn die Oberseite goldbraun ist und beim Einstechen mit einem Holzstäbchen kein Teig mehr kleben bleibt.

CRISPYROB-TIPP:
Dazu empfehle ich z. B. eine einfache heiße Soße aus Wasser und Fruchtgelee oder Erdbeermarmelade.

REZEPTE FÜR DEN
HERD

Solltest du mal in die Verlegenheit kommen und dir einen Herd anschaffen müssen, stelle ich dir hier die drei gängigen Herdarten mit ihren Vor- und Nachteilen vor:

GLASKERAMIKHERD

Vorteile:
- in der Anschaffung relativ günstig
- leicht zu reinigen

Nachteile:
- schlechtere Energiebilanz (als bei Induktions- oder Gasherd)
- schwierigere Temperaturregulierung (Hitze kommt und geht langsam)

INDUKTIONSHERD

Vorteile:
- keine verlustreiche Wärmeübertragung, daher bessere Energiebilanz
- sehr gute Temperaturregulierung (Hitze kommt und geht sofort)
- keine Verbrennungsgefahr bei den Herdplatten, da diese nicht heiß werden

Nachteile:
- relativ teuer in der Anschaffung
- besonderes Geschirr erforderlich

GASHERD

Vorteile:
- sehr gute Temperaturregulierung (Hitze kommt und geht sofort)
- hohe Temperaturen werden erreicht
- günstig im Betrieb, da Gas wesentlich billiger ist als Strom

Nachteile:
- höhere Verbrennungsgefahr aufgrund der offenen Flammen
- schwierigere Reinigung
- nur rentabel, wenn Gasanschluss in der Wohnung vorhanden ist

VEGGIE-FRIKADELLEN

Ich versuche, mich so gut wie möglich ausgewogen zu ernähren, und ich würde lügen, wenn ich sagen würde, ich liebe Fleisch nicht. Aber manchmal habe ich einfach keine Lust auf Fleisch, möchte aber trotzdem zum Beispiel einen Burger essen. Diese Veggie-Frikadelle ist das perfekte vegetarische Burgerpattie und alle Patties, die am Ende übrig bleiben, kann man am nächsten Tag kalt snacken! Dann schmecken sie besonders gut!

ZUTATEN FÜR 4 PORTIONEN:
- 1 l Gemüsebrühe
- 150 g Reis
- 150 g Cheddar
- 2 Karotten
- 2 Zwiebeln
- 2 Eier
- Salz
- Pfeffer
- frische Kräuter
- Semmelbrösel nach Bedarf

Zubereitungszeit: 30 Minuten

Koche die Brühe auf, gib den Reis dazu und lass ihn 15 Minuten in der Brühe kochen. Der Reis sollte gut durch sein, so dass er ein wenig klebrig ist.

Gieß dann den Reis ab und lass ihn abkühlen.

Reibe währenddessen den Käse und die Karotten. Wie fein oder grob du den Käse und die Karotten reiben willst, bleibt dir überlassen.

Würfle die Zwiebeln fein.

Verrühre den Reis, den Käse, die Karotten und die Zwiebeln miteinander.

Gib die Eier hinzu und schmecke mit reichlich Salz und Pfeffer ab.

Füge dann die frischen Kräuter hinzu und rühre die Semmelbrösel ein. Die Masse sollte eine solche Konsistenz haben, dass sich gut Frikadellen formen lassen. Wälze anschließend die Frikadellen noch in etwas Semmelbrösel.

Brate oder grille die Frikadellen in der Bratpfanne oder auf dem Grill goldbraun.

FRENCH-CHEESE-ROLLS

*Das Einzige, was ich hierzu sagen kann, ist: Ich liebe diese Rolls!
Dieses Rezept musst du nachkochen, sonst hast du echt etwas verpasst!
Einfacher, günstiger und geiler kriegst du keinen Snack hin!*

ZUTATEN FÜR 4 PORTIONEN:
4 Scheiben Sandwichtoast
4 Scheiben Cheddar
Butter zum Anbraten

Zubereitungszeit: 5 Minuten

Schneide die Kruste von den Toastscheiben ab und rolle sie mit einem Nudelholz flach aus. Belege die Toastscheiben jeweils mit einer Scheibe Cheddar und rolle sie vorsichtig ein. Brate anschließend die Rollen in Butter an.

CRISPYROB-TIPP:
Wenn du eine süße Variante davon willst, kannst du statt Käse auch einen Kinderriegel einrollen.

KARTOFFEL-HACK-PFANNE

ZUTATEN FÜR 4 PORTIONEN:

4 EL Öl

500 g gemischtes Hackfleisch (Schwein und Rind)

Salz

Pfeffer

750 g Kartoffeln

3 Zwiebeln

½ Bund Petersilie

Zubereitungszeit: 30 Minuten

Erhitze 2 Esslöffel Öl in einer großen Pfanne mit Deckel und brate das Hackfleisch darin krümelig an.
Würze es mit Salz und Pfeffer und nimm es dann heraus.
Reibe die Pfanne eventuell mit Küchenpapier aus.
Schäle die Kartoffeln, wasche sie und schneide sie in ca. 3 mm dünne Scheiben.
Erhitze erneut 2 Esslöffel Öl in der Pfanne.
Brate darin die Kartoffeln zugedeckt für ca. 10 Minuten, dann ohne Deckel für weitere 5 Minuten, bis sie schön knusprig sind.
Schäle inzwischen die Zwiebeln und schneide sie in Ringe.
Wasche die Petersilie, schüttle sie trocken und hacke sie fein.
Gib das Hackfleisch und die Zwiebeln zu den Kartoffeln und brate alles für weitere 3 Minuten.
Schmecke zum Schluss gut ab und bestreue das Ganze mit Petersilie.

CRISPYROB-TIPP:
Zu dieser deftigen Kartoffel-Hack-Pfanne schmeckt am besten ein gemischter Salat!

ZUCCHINI-NUDELN IN GEMÜSECURRY

ZUTATEN FÜR 4 PORTIONEN:

2 EL Sonnenblumenöl
100 g Cashewkerne
1 Knoblauchzehe
1 rote Zwiebel
1–2 rote Chilischoten
½ TL gemahlener Ingwer
½ TL Kreuzkümmel
1 Dose (400 ml) Kokosmilch
Salz
Pfeffer
1 kg Zucchini
1 große rote Paprikaschote
250 g Zuckerschoten
1 EL grüne Currypaste
abgeriebene Schale von ½ Bio-Limette
etwas Limettensaft
1 Topf Koriander

Zubereitungszeit: 30 Minuten

Erhitze das Öl in einer großen Pfanne, röste darin die Nüsse für ca. 3 Minuten und nimm sie dann aus der Pfanne.
Schäle den Knoblauch und die Zwiebel. Würfle den Knoblauch fein, halbiere die Zwiebel und schneide sie in Streifen. Röste die Zwiebel und den Knoblauch im Nussfett für ca. 3 Minuten leicht an.
Putze die Chilischoten, schneide sie der Länge nach auf, wasche sie, entferne die Kerne und schneide die Schoten klein.
Gib den Ingwer, den Kreuzkümmel und die Chilischoten zur Knoblauch-Zwiebel-Mischung und röste sie kurz mit.
Lösche mit der Kokosmilch ab, lass das Ganze aufkochen und würze mit Salz und Pfeffer.
Wasche die Zucchini, putze sie und schneide mit einem Streifenschneider das Fruchtfleisch der Länge nach um das weiche Kerngehäuse herum in lange Streifen.
Halbiere die Paprika, wasche sie und schneide sie in kurze Streifen.
Wasche die Zuckerschoten und schneide sie der Länge nach in dünne Streifen.
Gib das Gemüse in die Soße, wende es darin und füge die Currypaste hinzu. Erhitze das Ganze kurz und schmecke alles nochmals mit Salz, Pfeffer, Limettenschale und -saft ab.
Wasche den Koriander, schüttle ihn trocken und schneide die Blättchen von den Stielen.
Richte das Gemüse mit der Soße an und bestreue es mit den Nüssen und dem Koriander.

ASIATISCHE KÜCHE

Bestimmt sind dir die asiatisch angehauchten Rezepte in diesem Kochbuch nicht entgangen. Mit diesen wollte ich dich dazu animieren, auch mal etwas »Exotisches« auszuprobieren, auch wenn dir die eine oder andere Zutat vielleicht nicht bekannt ist. Was ich an der asiatischen Küche so sehr liebe, sind ihre vielfältigen Aromen und die zum Teil exotischen Obst- und Gemüsesorten. Vor allem aber liebe ich es, dass die Zutaten in mundgerechte Stücke zubereitet werden. Das gilt auch für Fleisch und Fisch, wobei diese nicht die Hauptrolle bei typisch asiatischen Gerichten spielen, sondern knackiges Gemüse. Verwendet werden vor allem Chinakohl,

Porree, Karotten und Brokkoli. Auch Pilze, wie Shiitake und Austernpilze, sind sehr beliebt. Gewürzt wird gern mit Ingwer, Chili, Curry und Sojasauce. Und als Beilage dürfen Reis und Nudeln natürlich nicht fehlen.

An dieser Stelle gibt es noch eine CrispyRob-Kräuterweisheit zum Koriander. Koriander wird in der asiatischen Küche sehr gern verwendet, doch manche empfinden den Geschmack von Koriander als »seifig«.
Das ist keine reine Geschmackssache, sondern möglicherweise genetisch bedingt. Wenn du zu diesen Menschen zählst, dann kannst du als Alternative Petersilie verwenden.

EXPRESS-PFANNE MIT STEAK UND BROKKOLI

Das ist das ultimative Eltern-Gericht. Wir alle kennen diesen einen Moment, wenn die Eltern zu Besuch kommen und man ihnen zeigen muss, dass man für sich selbst sorgen kann. Oder wenn man seine Eltern einfach überraschen will. Dieses Rezept schmeckt nicht nur gut, sondern lässt euch aussehen wie einen Profikoch.

ZUTATEN FÜR 4 PORTIONEN:
500 g Brokkoli
600 g Hüftsteak
2 Zwiebeln
1 Stück (à 20 g) Ingwer
60 g Nussmix
(z. B. Pistazien, Mandeln und Haselnüsse)
2 EL Öl
Salz
Pfeffer
¼ TL Kreuzkümmel
¼ TL Koriander
4 EL Sojasoße
4 EL Wasser

Zubereitungszeit: 25 Minuten

Putze den Brokkoli, wasche ihn, teile ihn in sehr kleine Röschen und gare ihn in kochendem Salzwasser für ca. 2 Minuten.

Gieß das Kochwasser ab, schrecke den Brokkoli mit kaltem Wasser ab und lass ihn abtropfen.

Tupfe das Fleisch trocken und schneide es in Streifen. Schäle die Zwiebeln und den Ingwer und würfle alles fein. Hacke die Nüsse grob.

Brate nun das Fleisch im heißen Öl für 2 bis 3 Minuten kräftig an.

Würze es mit Salz und Pfeffer und nimm es dann heraus.

Brate den Brokkoli, die Zwiebeln, den Ingwer, die Nüsse, den Kreuzkümmel und den Koriander im heißen Bratfett für 2 bis 3 Minuten an.

Gib die Sojasoße, das Wasser und das Fleisch hinzu und schmecke alles gut ab.

CHEESY-CHICKEN

Das ist eins der ersten Gerichte, die ich jemals gekocht habe, und das wohl einzige, das ich damals im Hauswirtschaftsunterricht gekocht habe. Ich war eigentlich mehr damit beschäftigt, mit meinen Jungs Unfug zu machen, als zu kochen, und doch ist mir dieses Rezept im Gedächtnis geblieben und ich koche es bis heute noch regelmäßig. Grüße gehen raus an meine Lehrerin Frau W., vielen Dank für dieses Rezept!

ZUTATEN FÜR 6 PORTIONEN:
- 2 EL Butter
- 680 g Hähnchenbrust, gewürfelt
- ½ TL Salz
- ½ TL Pfeffer
- ½ TL getrockneter Oregano
- ½ TL getrocknetes Basilikum
- 500 g Penne (Nudeln)

Für die Käsesoße:
- 2 EL Butter
- 4 Knoblauchzehen
- 3 EL Mehl
- 470 ml Milch
- ½ TL Salz
- ½ TL Pfeffer
- ½ TL getrockneter Oregano
- ½ TL getrocknetes Basilikum
- 55 g geriebener Parmesan

Zum Anrichten:
- 10 g frische Petersilie
- 25 g geriebener Parmesan

Zubereitungszeit: 30 Minuten

Lass in einer Pfanne bei mittlerer Hitze die Butter schmelzen und gib dann die gewürfelte Hähnchenbrust dazu.
Würze das Fleisch mit Salz, Pfeffer, Oregano und Basilikum.
Koche die Hähnchenbrust für 8 bis 10 Minuten, bis sie komplett durch ist, nimm sie danach vom Herd und stelle sie zur Seite.
Koche die Penne in gesalzenem Wasser nach Packungsanleitung bissfest.

KÄSESOSSE:
Lass in derselben Pfanne auf mittlerer Hitze erneut Butter schmelzen, gib den gehackten Knoblauch hinzu und lass ihn dünsten, bis er weich wird.
Gib zunächst nur die Hälfte des Mehls zum Knoblauch und der Butter und rühre es unter. Füge dann auch das restliche Mehl hinzu.
Gib unter ständigem Rühren nach und nach die Milch hinzu, bis die Soße anfängt, dick zu werden.
Würze mit Salz, Pfeffer, Oregano und Basilikum.
Füge den geriebenen Parmesan hinzu und rühre ihn unter, bis er komplett geschmolzen ist.

Gieße zum Schluss die Soße über die gekochten Nudeln und vermische alles gut mit dem Hähnchen.
Serviere die Penne mit Petersilie und geriebenem Parmesan.

ZIMTSCHNECKEN-PANCAKES (AUCH VEGAN)

Und wieder einmal konnte ich mich nicht entscheiden: Pancakes oder Zimtschnecken? Egal, es geht auch beides gleichzeitig! Dieses Rezept ist für alle da draußen, die Süßes lieben und genauso wie ich nicht unbedingt entscheidungsfreudig sind. :D

ZUTATEN FÜR 4 PORTIONEN:
125 g Mehl
2 TL Backpulver
½ TL Salz
250 ml Mich (Mandelmilch)
2 EL Ahornsirup
3 EL Butter (Margarine)
5 EL brauner Zucker
2 TL Zimt

Zubereitungszeit: 15 Minuten

Vermische in einer großen Schüssel das Mehl, das Backpulver und das Salz.
Vermenge in einer kleinen Schüssel die Milch und den Ahornsirup.
Verrühre nun die Zutaten in beiden Schüsseln miteinander.
Vermenge in einer weiteren kleinen Schüssel die Butter mit dem braunen Zucker und dem Zimt und fülle die Masse in einen Spritzbeutel.
Erhitze eine Pfanne und gib etwas Butter oder Margarine dazu.
Gib dann für einen Pancake genug Teig in die Pfanne.
Setze in die Mitte einen Klecks von der Butter-Zucker-Zimt Mischung und verstreiche sie vorsichtig auf dem Pancake.
Wende den Pancake, wenn auf ihm kleine Luftbläschen erscheinen.

»Guter Snack für zwischendurch!«

SPRITZBEUTEL – EINFACH SELBST GEMACHT

Um Teig, Buttercreme oder andere Füllungen zu portionieren oder um Kuchen und Torten zu dekorieren, brauchst du einen Spritzbeutel. Den kannst du kaufen – oder ganz einfach selbst machen. Die Geschickteren unter euch können sich einen Spritzbeutel aus Pergamentpapier basteln. Dazu müsst ihr nur ein quadratisches Stück zuschneiden. Rollt dieses von einer Kante her auf, so dass eine spitze Tüte, wie eine Schultüte, entsteht. Klebt die abschließende Kante fest und schneidet die Spitze ab. Je mehr ihr von der Spitze abschneidet, desto größer ist die Öffnung und desto dicker ist der Strang Teig oder Buttercreme.

Wer sich so viel Bastelei nicht zutraut oder es einfach eilig hat, nimmt eine lebensmittelechte Plastiktüte (z. B. einen Gefrierbeutel), füllt den Teig oder die Creme bis zu etwa zwei Dritteln ein, verschließt den Beutel oben mit einer Drehung und schneidet an einer der unteren Ecken die Spitze in der gewünschten Größe weg.

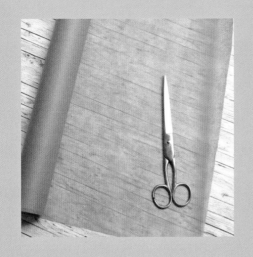

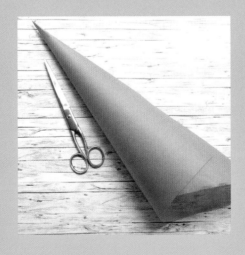

EISWÜRFEL-BROWNIES

Immer, wenn ich meine Mutter als Kind gefragt habe, ob sie Brownies machen kann, hat sie gesagt: Das dauert zu lange und ist zu kompliziert. Damals dachte ich mir schon, das kann doch gar nicht angehen. Deswegen habe ich mich vor einiger Zeit auf die Suche nach dem einfachsten Brownie-Rezept aller Zeiten gemacht, denn nichts kann mich davon abhalten, leckere Brownies zu essen. Einfacher als mit diesem Rezept werdet ihr niemals Brownies backen!

ZUTATEN FÜR 4 PORTIONEN:
geröstete Haselnüsse nach Bedarf
100 g Butter
80 g Mehl
200 ml Kondensmilch
120 g brauner Zucker
120 g zerstoßene Kekse
100 g Schokolade

Zubereitungszeit: 20 Minuten

Lege jeweils zwei geröstete Haselnüsse in jedes Fach einer Eiswürfelform.
Lass die Butter auf dem Herd zergehen und rühre anschließend Mehl und Kondensmilch unter.
Rühre den braunen Zucker und die zerstoßenen Kekse unter.
Füge die Schokolade hinzu, lass sie schmelzen und rühre sie dann ebenfalls unter.
Gib die Masse in eine Spritztüte und fülle die Eiswürfelform damit auf.
Streiche die Masse glatt und stelle sie für 30 Minuten ins Gefrierfach.
Fertig ist dein Brownie-Eis!

CRISPYROB-TIPP:
Nimm am besten eine Silikonform als Eiswürfelbehälter. Dann bekommst du die Brownies perfekt aus der Form.

PANNACOTTA

ZUTATEN FÜR 2 PORTIONEN:
Für die Pannacotta:
200 ml Sahne
1 EL Zucker
½ Zimtstange
½ Vanilleschote
1 Blatt weißer Gelatine
2 EL Milch
Beeren nach Belieben

Für die Garnitur:
Minze

Zubereitungszeit: 30 Minuten

Gib die Sahne in einen Topf und füge den Zucker, die Zimtstange und eine aufgeschlitzte Vanilleschote dazu.
Stelle das Ganze für 30 Minuten zugedeckt in den Kühlschrank.
Weiche die Gelatine in der Milch ein.
Nimm die Sahne aus dem Kühlschrank und erhitze sie langsam unter Rühren.
Lass die Sahne 10 Minuten leicht köcheln und rühre dabei immer wieder um.
Nimm die Vanilleschote und die Zimtstange aus der Sahne.
Drücke die Gelatine leicht aus und löse sie in der Sahne unter Rühren auf.
Spüle Puddingförmchen kalt aus, gieß die Sahne in die Förmchen und stelle sie über Nacht kühl.
Stürze die Pannacotta vor dem Servieren auf Teller und richte sie mit den Beeren an.

CRISPYROB-TIPP:
Ein echtes Deluxe-Dessert wird die Pannacotta, wenn du sie mit einem Erdbeerfächer und Minzeblättchen dekorativ anrichtest.
Für die Fächer brauchst du etwa 200 Gramm Erdbeeren. Viertle sie und schneide sie fächerförmig auf. Lass sie anschließend in zwei Esslöffeln Himbeersirup für 30 Minuten durchziehen.

DULCE DE LECHE

ZUTATEN FÜR 1 PORTION:
50 g Butter
250 g Zucker
1 Päckchen Vanillezucker
1 Prise Salz
250 ml Milch
200 ml Kondensmilch (10%)

Zubereitungszeit: 60 Minuten

Lass die Butter in einer Pfanne oder einem Topf schmelzen.

Gib den Zucker, den Vanillezucker und eine Prise Salz hinzu und lass alles kurz mit anschmelzen.

Füge die Milch und die Kondensmilch hinzu und rühre gut um, bis sich alles aufgelöst hat.

Reduziere die Hitze beim Herd (auf mittlere Stufe, am besten aber kleinste Stufe) und lass den Karamell gute 45 bis 60 Minuten köcheln. Rühre dabei mindestens alle 5 Minuten um, damit nichts anbrennen kann.

Beachte: Die Zeitangabe ist relativ variabel. Sie hängt vom Herd ab und ob man einen Topf oder eine Pfanne nimmt.

Teste ab der 40. Minute die Konsistenz des Karamells. Lass dazu etwas vom Karamell auf einen Teller träufeln. Wenn es fest wird, ist es genau richtig und du kannst das Dulce de leche in Gläser abfüllen. Aber sei vorsichtig: Es ist sehr heiß!

CRISPYROB-TIPPS:
1. Bereite den Karamell am besten in einer beschichteten Pfanne oder einem beschichteten Topf zu. Dann kann nichts anbrennen.
2. Bewahre die Gläser im Kühlschrank auf. Dann hat das Dulce de leche den besten Härtegrad und bleibt länger »fresh«.

CRISPYROBS KLEINES KÜCHENLEXIKON

Wenn du denkst, dass man ins Schwitzen kommen soll, wenn man eine Zwiebel anschwitzt, dann solltest du dir Zeit für mein kleines Küchenlexikon nehmen.

A

Abschrecken: Gemeint ist nicht, dass du Eier oder gekochtes Gemüse erschrecken sollst, sondern du sollst es schnell abkühlen, indem du sie zum Beispiel in sehr kaltes Wasser tauchst. Dadurch wird der Garprozess unterbrochen.

Al dente: Nicht nur die Italiener unter euch wissen, dass mit al dente ›bissfest‹ gemeint ist. Gemüse und vor allem Nudeln werden al dente gekocht, das heißt, dass beim Beißen der Lebensmittel noch ein Widerstand spürbar sein soll.

Anschwitzen: Beim Anschwitzen garst du beispielsweise Zwiebeln in Fett bei niedriger Hitze, bis sie glasig werden und etwas Flüssigkeit verlieren.

Auslassen: Ein ausgelassener Speck ist kein Karnevalsjeck, sondern ein Speck, den man in einer Pfanne anbrät, bis das Fett heraustritt. Er wird dadurch so richtig schön kross.

B

Baiser: Baiser ist ein Kuss auf Französisch oder eine Schaummasse aus Eischnee und Zucker, die im Ofen bei sehr geringer Temperatur gebacken wird.

Binden: Wenn du Suppen oder Soßen eindicken willst, ›bindest‹ du sie. Dazu kannst du zum Beispiel Butter oder Mehl verwenden.

C

Confit: Confit ist in Fett gekochtes Fleisch, das dadurch haltbar gemacht wird.

D

Dämpfen: Beim Dämpfen garst du Lebensmittel im Wasserdampf bis zu 100 Grad. Durch dieses schonende Verfahren bleiben wertvolle Vitamine und Mineralien erhalten und das Gemüse bleibt knackig.

Dünsten: Wenn du dein Gemüse ohne Fett, dafür mit etwas Flüssigkeit wie Wein, Brühe oder Wasser garst, dann dünstest du es.

F

Farce: Eine Farce in der Küche ist kein absurdes Theater, sondern eine Füllung aus kleingehacktem Fleisch, Fisch oder Gemüse.

Flambieren: Beim Flambieren übergießt du eine Speise mit hochprozentigem Alkohol, zündest ihn an und brennst ihn ab.
Dadurch aromatisierst du die Speise und zudem ist es eine coole Showeinlage für deine Gäste.

G

Gargrad/Garstufe: Bestellst du ein Steak in einem guten Restaurant, wirst du nach dem Gargrad gefragt, den dein Fleisch haben soll.
Du kannst im Groben zwischen den Stufen **Rare** (das Fleisch wird außen nur kurz angebraten, innen ist es noch blutig), **Medium** (das Fleisch ist außen gut angebraten, innen ist es rosa gefärbt; beim Schneiden tritt Fleischsaft aus) oder **Well done** (das Fleisch ist außen kräftig angebraten, innen ist es komplett durchgegart) wählen.

Gehen lassen: Du solltest dich nicht gehenlassen, einen Hefeteig aber schon. Denn ein Hefeteig braucht Zeit, damit sich die Hefe entwickeln und der Teig aufgehen kann. Wenn du ihn abgedeckt in einer Schüssel ›gehen lässt‹, vergrößert sich sein Volumen mit der Zeit und der Teig wird wunderbar locker und fluffig.

Gelatine: Mit Gelatine kannst du flüssige Lebensmittel gelieren und abbinden. Du verwendest sie daher oft bei Nachspeisen. Wenn du Vegetarier oder Veganer bist, wirst du wissen, dass Gelatine aus Tierknochen und Tierhäuten gewonnen wird, und daher pflanzliche Alternativen, wie zum Beispiel Agar-Agar, benutzen.

Gratinieren: Beim Gratinieren überbackst oder überkrustest du ein Gericht (z. B. mit viiiiiiiiiiiiiel Käse), damit sich eine schöne Kruste bildet. Dafür brauchst du im Backofen eine hohe Oberhitze.

J

Jus: Jus ist nichts anderes als der ausgekochte ›Saft‹ von Knochen und Bratenstücken, den du als Basis für Soßen verwenden kannst.

K

Köcheln: Wenn Speisen vor sich ›hinköcheln‹, dann kochen sie in einer schwach brodelnden Flüssigkeit mit einer Temperatur von unter 100 °C.

L

Löschen/Ablöschen: Durch das Anbraten von Fleisch oder Gemüse entsteht in der Pfanne ein Bratensatz. Damit sich dieser löst, gießt man Flüssigkeit, z. B. Wasser oder Wein, hinzu; man ›löscht‹ das Kochgut. Der gelöste Bratensatz und die Flüssigkeit bilden die Grundlage für Soßen.

M

Marinieren: Damit Gemüse, Fleisch oder Fisch einen bestimmten Geschmack annehmen oder zarter werden, ›marinierst‹ du sie, d . h. du legst sie in eine aromatische Flüssigkeit, wie Kräuteröl oder Wein, und lässt sie darin ziehen.

N

Nadelprobe: Bevor du einen Kuchen oder ein Brot aus dem Backofen nimmst, solltest du mit einer Nadel hineinstechen und überprüfen, ob noch Teigreste daran kleben. Ist das der Fall, muss der Kuchen oder das Brot noch länger im Ofen bleiben.

P

Panieren: Wenn du Wiener Schnitzel genauso gern isst wie ich, dann musst du das Schnitzelfleisch ›panieren‹. Dazu wälzt du das Fleisch nacheinander in Mehl, verquirltem Ei und Paniermehl und backst es anschließend in heißem Fett aus. Du kannst übrigens auch Käse panieren!

Passieren: Beim Passieren entfernst du feste Bestandteile aus Flüssigkeiten oder Klümpchen aus breiartigen Gerichten. Du gießt oder streichst dazu Flüssigkeiten oder Mus durch ein Sieb.

R

Reduzieren: Wenn du Flüssigkeiten wie Soßen, Fonds, Wein etc. stark einkochst, ›reduzierst‹ du sie. Dadurch wird die Reduktion dickflüssiger und der Geschmack konzentrierter.

Rösten: Beim Rösten brätst du Lebensmittel ohne Fett an.

S

Schmoren: Wenn du jemanden schmoren lässt, ist das nicht nett.
Ganz anders ist das, wenn du einen Braten schmorst. Hier machst du alles richtig, wenn du ein bereits angebratenes Fleisch langsam im Backofen
oder auf dem Herd in einem geschlossenen Topf mit etwas Flüssigkeit und bei niedriger Temperatur garen lässt.

U

Unterheben/Unterziehen: Hier ist Fingerspitzengefühl gefragt. Beim Unterheben musst du nämlich mehrere Zutaten vorsichtig miteinander vermengen.

V

Vinaigrette: Eine klassische Vinaigrette besteht aus Essig und Öl
sowie Salz und Pfeffer und wird vor allem für Salate verwendet.

W

Wasserbad: In einem heißen Wasserbad kannst du Zutaten schonend erhitzen und zum Beispiel Schokolade schmelzen.

Z

Zesten: Zesten sind hauchdünne Streifen aus Fruchtschalen oder Gemüse.

PLATZ FÜR EIGENE REZEPTE:

PLATZ FÜR EIGENE REZEPTE:

DANKSAGUNG

An dieser Stelle möchte ich all den Leuten danken, die durch ihre Unterstützung und durch ihre Liebe das Gelingen dieses Buches erst möglich gemacht haben.

Danke an Mama
für all die Zeit und Kraft, die du in mich gesteckt hast, damit ich ein freies und glückliches Leben führen kann.

Danke an Papa,
der mich vor all dem Unsinn bewahrt hat, den ich ohne ihn sonst in meinem Leben gemacht hätte, und der mir gezeigt hat, was wahre Arbeit wirklich bedeutet.

Danke an Valerija,
meine kleine, beste (ich weiß, das willst du hören, haha) Schwester, die mein Ein und Alles ist, und die mich zu dem macht, der ich bin.

Danke an Andrej
dafür, dass ich weiß, dass du alles mitbringst, was einen besten Freund ausmacht.

Danke an Jimmy
für dein Durchhaltevermögen in all den Nächten, an denen wir am Buch gearbeitet haben, und für die Energydrink-Tankstellen-Einkäufe während der Nachtschichten. xD

Danke an Tine
dafür, dass du jede letzte freie Sekunde deines Lebens in den letzten sechs Monaten in dieses Projekt gesteckt hast und mich immer motiviert hast, weiterzumachen.

Danke an Filipe
für all die Tage, die du dich meinetwegen bei der Arbeit hast krankschreiben lassen.

Danke an Stephan Ortmanns
für diese unglaublich geilen Fotos, ohne die das Buch niemals so schön geworden wäre.

Danke an Cäthe
für das wunderschöne Foodstyling!

Danke an die Lektorin, Waltraud Grill,
denn ohne sie hätte mir meine alte Deutschlehrerin für mein Buch eine 4 in Rechtschreibung gegeben.

Danke an Falco
dafür, dass du mich bisher nur einmal fast vergiftet hättest. Ich hoffe, das Buch hilft dir wirklich. Haha. <3

Danke an den Fischer Verlag
für diese großartige Zusammenarbeit.

Danke an alle Leute da draußen,
die mir auf meinem verrückten Weg durchs Leben folgen, und ohne die das alles nicht möglich wäre.

Vielen Dank an alle – ich weiß das wirklich aus tiefstem Herzen zu schätzen!

Danke

BILDNACHWEIS:

Alle Fotos von CrispyRob: © Stephan Ortmanns
© shutterstock:
S. 13 Ganna Martysheva, Alen Kadir
S. 15 gresei, Piotr Wytrazek, Alexeysun
S. 25 Iocrifa, Brent Hofacker, Anna Shepulova, Natalia Bulatova, New Africa
S. 31 Marian Weyo, Anna Kubczak, I MAKE PHOTO 17
S. 46 Africa Studio
S. 47 Sunny Forest, frank60, Bukhta Yurli, Alesia Berlezova, EVGENIYA68, zkruger, alicja neumiler, Africa Studio
S. 54 Y Photo Studio
S. 73 Anata_Gu, Africa Studio, Moving Moment, Vasileios Karafillidis, vata, meaofoto, zkruger, Evgeny Karandaev
S. 77 Ekaterina Kontratova, vaivirga, Jiri Hera, Atiwan Janprom, Africa Studio, Natali Zakharova
S. 81 Anna Shepulova
S. 91 MaraZe
S. 105 Alena Kazlouskaya, victoriaKh, Fasdnadora, Looker_Studio, Korn22, DUSAN ZIDAR, Mr Mejer, Africa Studio
S. 103 Africa Studio
S. 124 f VICUSCHKA